KB230705

NATUR der SACHE

사물의 본성과 법사유

KSI 한국학술정보㈜

NATUR der SACHE

사물의 본성과 법사유

서 윤 호

KSI 한국학술정보㈜

　사물의 본성론은 현대 법철학에서 하나의 중요한 논의의 맥락을 차지하고 있다. 사물의 본성론은 영미법적 전통에서도 친숙한 법사고일 뿐만 아니라, 동양적 사유에서도 그리 낯설지 않은 법사고라 할 수 있다. 여기에서는 주로 제2차 세계대전후 독일 현대 법철학에서의 사물의 본성에 관한 논의를 대상으로 삼아 구체적 자연법과 총체적 법사유를 가능케 하는 법적 논의라는 관점에서 그에 대한 이론적 분석을 시도하고 있다.

　사물의 본성론은 그 학문상의 출발점을 개념이나 체계에서 구하는 것이 아니라 구체적이고 현실적인 생활관계로부터 구하고자 하며, 또한 법률이나 권위에서가 아니라 사태에 즉응하여 그 구체적 타당성을 구하고자 하는 문제중심적 사고라는 점에서 법적 논의에서 매우 유용한 학문적 모티브를 제공하고 있다. 아직까지도 법적 문제에 대하여 현실적인 생활관계로부터 구체적인 타당성을 찾는 것이 아니라 일면적인 규범논리적 접근을 강조하고 있는 우리 법학의 현실을 생각한다면, 구체적이고 현실적이며 총체적인 법사유를 가능케 하는 사물의 본성론에 대한 고찰은 더욱 필요하다고 할 수 있다.

사물의 본성이라는 주제는 이십여년 전 학문의 길에 처음으로 들어서면서 연구했던 것이기도 하다. 부족한 부분을 보완하고 그 이후의 학문적 연구를 적절하게 반영하고자 노력했다. 말미에는 사물의 본성에 관한 연구에서 매우 중요한 의미를 가지는 마이호퍼(W. Maihofer)의 논문 "사물의 본성(Natur der Sache)"을 완역하여 실었다. 마찬가지로 사물의 본성론에서 기본적인 연구로 알려져 있는 라드브루흐(G. Radbruch)의 "법적 사유형식으로서 사물의 본성(Natur der Sache als juristische Denkform)"과 슈트라텐베르트(G. Stratenwerth)의 "사물의 본성의 법이론적 문제(Das rechtstheoretische Problem der Natur der Sache)"를 함께 싣고자 했으나 아직 번역을 마무리짓지 못해 다음 기회로 미룬다.

기도와 격려를 아끼지 않는 가족들에게 이 기회에 감사의 마음을 전하고 싶다.

2007년 9월 서윤호

목 차

제 1 장

•
•
•

서　론

제2차 세계대전이 끝난 직후 독일 법학계에는 하나의 커다란 과제가 주어졌다. 이전의 시대를 풍미했던 법실증주의의 극복이 바로 그것이다. "법률은 법률이다"라는 표어로 법률가들로 하여금 나치의 극단적인 불법에 대해서 무기력하게 만들었던 법실증주의의 도그마를 어떻게 극복할 것인가가 하나의 커다란 법학의 과제로 등장한 것이다.[1]

이러한 과제를 해결하기 위해 대부분의 법학자들은 자연법의 부활에 관심을 가지기 시작했으며, 그리하여 구체적이고 역사적인 자연법론에 대한 논의가 봇물처럼 쏟아져 나오게 되었다.[2] 가히 자연법론의 시대가 다시 도래했다고 해도 지나친 말은 아니었다. 이러한 자연법 부활과 함께 그들은 법실증주의의 사망선고에 열광적으로 참여하였다.[3] 구체적 자연법으로 불리우기도 하는 사물의 본성론이 법철학적 논의에 등장한 것은 바로 이러한 역사적 맥락과 연결되어 있다.

그러나 자연법의 재생을 주장하는 자들의 법실증주의에 대한 사망선고는 곧 성급한 결론이었음이 차츰 밝혀지게 되었다.[4] 그리고 법

---

1) 이에 대하여 자세한 것은 A. Kaufmann, Zur rechtsphilosophischen Situation der Gegenwart, in: ders., Rechtsphilosophie im Wandel, S. 172 ff.; 한국법철학회 편, 현대 법철학의 흐름, 439면 이하 참조.

2) 자연법과 역사성에 대한 법철학적 논의로는 A. Kaufmann, Naturrecht und Geschichtlichkeit, in: ders., Rechtsphilosophie im Wandel, S. 1 ff.

3) E. Riezler, Der totgesagte Positivismus, in: W. Maihofer (Hrsg.), Naturrecht oder Rechtspositivismus?, S. 239 ff.

4) 이에 대해서는 H. Welzel, Naturrecht und Rechtspositivismus, in: W. Maihofer (Hrsg.), Naturrecht oder Rechtspositivismus?, S. 322 ff.

실증주의는 '비판적 법실증주의'5)라는 이름으로 다시 그 모습을 드러냈다. 마치 이전에 사망선고 되었던 자연법론이 '구체적' 또는 '역사적'이라는 수식어를 달고서 기적적으로 부활한 것과 마찬가지로,6) 법실증주의는 '비판적'이라는 수식어를 달고서 이제 다시 그 모습을 드러내게 되었다.

이로 인해 1950-60년대에 법철학적 논의에서 정상의 자리를 차지하고 있던 자연법론은 논의의 핵심에서 한걸음 뒤로 물러나게 되고, 새롭게 등장한 법실증주의와 함께 차츰 엄밀한 법이론적 검토의 대상으로 자리잡게 되었다. 이러한 이론적 변화와 더불어 사물의 본성에 대한 법철학적 논의도 그 이론 전개에 있어서 매우 복잡다양한 양상을 보이다가7) 1960년대 이후에는 법이론의 영역 속에 흡수되기에 이른다.8)

---

5) 비판적 법실증주의에 관해서는 심헌섭, 법철학 I, 271면 이하.

6) W. Maihofer, Naturrecht als Existenzrecht, S. 10.

7) 실제 사물의 본성론은 그것을 주장하는 학자들의 수만큼 많은 다양한 형태의 이론으로 전개되고 있다. 그럼에도 불구하고 크게 다음과 같은 세가지로 분류해볼 수 있을 것이다: 1. 자연법론의 입장에서 전개되는 사물의 본성론, 2. 사회학적 입장에서 전개되는 사물의 본성론, 3. 비판적 입장에서 전개되는 사물의 본성론. 자연법론의 입장에서 사물의 본성에 대한 논의를 전개하는 법철학자들로는 라렌츠, 코잉, 벨첼, 마이호퍼, 샴벡 등이 있으며, 사회학적 입장에서 사물의 본성에 대한 논의를 전개하는 학자들로는 라드브루흐, 보비오, 발벡 등이 있으며, 비판적 입장에서 사물의 본성에 대한 논의를 전개하는 학자들로는 페히너, 슈트라텐베르트, 카우프만 등이 있다.

8) 법철학과 법이론의 관계에 대하여 자세한 설명은 A. Kaufmann / W. Hassemer, Grundprobleme der zeitgenössischen Rechtsphilosophie und Rechtstheorie;

사물의 본성론을 오늘에 와서 다시 언급한다는 것은 진부한 주제를 다루는 듯한 인상을 주기 쉽다. 그러나 사물의 본성에 대한 논의는 오래되어 낡은 이론이면서도 항상 새로운 모습으로 등장하는 법철학의 근본물음에 속한다. 특히 사물의 본성론은 현대 법철학에서 실제로 법문제에 대한 새로운 사유, 즉 총체적 법사고를 가능하게 해주는 유용한 법적 논의라는 의미를 가지는 것으로 평가된다.[9] 아직까지 법적 문제에 대해 일면적인 규범논리적 접근을 강조하는 우리 법학의 현실을 감안한다면, 이러한 형식적·추상적인 법사유에 대해 이론적 비판을 가하고 있는 사물의 본성론에 대한 고찰은 더욱 필요한 것이라 하겠다.

사물의 본성론은 아직 완전한 체계적 모습을 갖추고 있는 형편이 아니다. 그럼에도 불구하고 사물의 본성론은 그 학문상의 출발점을 개념이나 체계에서 구하는 것이 아니라 현실적인 대상에서 구하고자 하며, 또한 법률이나 권위에서가 아니라 사물에 즉응하여 그 정당성을 구하고자 하는 문제중심적 사고(ein topisches Denken)[10]라는 점에서 법적 논의에 있어서 매우 유용한 학문적 모티브를 제공해주고 있다.[11] 즉 그것은 구체적인 현실관계에서 법을 찾고자 함으로써 법에

카우프만/하쎄머, 심헌섭 역, 현대 법철학의 근본문제, 17면 이하 참조. 실천법철학적 입장에서 종래의 법철학과 법이론의 논의를 비판하고 있는 입장으로는 박은정, 자연법사상, 31면 이하.

9) H. Garrn, Die Natur der Sache als Grundlage der juristischen Argumentation.

10) O. Ballweg, Zu einer Lehre von der Natur der Sache, S. 70.

11) I. Tammelo, The Nature of Facts as a juristic Topos.

있어서 현실적이고 총체적 사고를 가능하게 해준다는 점에 그 법철학적 의미가 있다.

이렇게 존재와 당위를 총체적으로 고찰하고자 하는 사물의 본성의 결론을 이루는 내용, 즉 존재에서 도출된 당위 또는 구체적 현실관계 속에서 도출된 법이념은 결국 바로 다름아닌 구체적 자연법의 실질적 내용으로 이해될 수 있는 가능성을 열어준다. 이는 곧 실질적 정의의 내용을 이루는 것으로 파악되고 동시에 정법론의 실질적 내용을 구성하는 것으로도 이해될 수 있을 것이다.

이와 같이 사물의 본성론은 총체적 법사고를 추구함으로써, 현실적으로 구체적 자연법과 실질적 정법의 내용을 이루는 것으로 새롭게 자리매김되면서 종래의 일면적인 법고찰에 그치고 마는 추상적 자연법론과 형식적 법실증주의와는 뚜렷이 구분되는 법철학적, 법이론적 의미를 획득하게 된다. 이와 같이 사물의 본성론은 현대 법철학에서 새로운 법사유의 가능성을 열어주는 역할을 담당하고 있다.

우리가 여기에서 구체적으로 살펴보고자 하는 사물의 본성론은 바로 이러한 구체적 자연법 및 실질적 정법론을 가능하게 하는 사물의 본성론에 있다. 우리는 사물의 본성론이 현대 법철학에서 가지는 법이론적인 의미를 법적 문제에 있어서 총체적 사고를 가능하게 해준다는 점에서 찾고자 하며, 이러한 총체적 법사유로서 사물의 본성론이 구체적으로 어떠한 모습을 갖추고 있는지 살펴보고자 한다. 그렇게 함으로써 사물의 본성론이 종래의 법사유에 대해 어떠한 측면에서 효과적인 이론적 비판을 가할 수 있는지 파악할 수 있을 것이다.

이와 같은 총체적 법사유로서 사물의 본성론에 대한 가능성은 어디에 있는가? 그 법리는 무엇이며 또 그 과제는 무엇인가?

우리는 먼저 문제사적 측면에서 사물의 본성론이 어떠한 문제의식을 가지고 대두되었는가 하는 점을 살펴보는 것으로부터 논의를 시작하고자 한다. 그와 같은 사물의 본성론에 대한 역사적 논의 속에서 우리는 총체적 법사유로서 사물의 본성론이 어떻게 자리잡을 수 있는가 하는 문제를 검토해보도록 하겠다.

이어서 사물의 본성에 대한 개념적 논의를 통해 구체적으로 그 개념을 구성하고 있는 각각의 구성요소와 그 종합, 즉 '사물', '본성', 그리고 '사물의 본성'을 하나씩 분석함으로써 사물의 본성에 대한 자연주의적 개념이해를 피하고 법에 대한 총체적 사유를 가능케 하는 사물의 본성론의 이론적 토대를 확고히 다지고자 한다.

이와 같이 사물의 본성에 대한 역사적 논의와 개념적 논의를 토대로 하여 사물의 본성에 대한 법이론적 논의로 시야를 넓혀, 총체적 법사유로서 파악되는 사물의 본성론이 펼치는 법리가 어떻게 이루어지는지 구체적으로 살펴보기로 하겠다. 그것은 구체적 자연법과 실질적 정법론으로서 추상적 자연법론과 형식적 법실증주의를 일면적 법사유로 비판하는 것을 가능케 하며 동시에 그들의 이론적 토대를 이루는 존재와 당위의 이원론을 비판하고 극복하는 가능성을 열어주게 된다. 여기에서는 사물의 본성론을 둘러싸고 전개되는 다양한 법이론적 결과들, 즉 사물의 본성론의 법원성, 입법과 법해석에서 사물의 본성론의 역할 등 현대 법이론에서 사물의 본성론이 가져올 수 있는 법이론적 논의들을 하나씩 살펴보고자 한다.

마지막으로 법학의 제반 문제에 대하여 새로운 해결을 시도하고 있는 총체적 법사유로서 사물의 본성론이 가지는 의의, 기능 그리고 과제에 대해서 살펴보겠다.

제 2 장

사물의 본성에 대한 역사적 논의

사물의 본성론의 역사는 매우 장구하다.[12) 사물의 본성에 대한 논의는 고대 그리스와 로마 시대에 이미 그 맹아가 나타나고 있다. 그리고 중세에는 아퀴나스에 의해 대표되는 방대한 자연법이론 속에 전개되고 있으며, 근대에 와서는 몽테스키외 등에 의해 크게 논의된 적이 있다.[13) 그 후에도 사물의 본성론은 자연법론과 밀접한 관계를 유지하면서 현대에 이르고 있으며, 특히 제2차 세계대전 이후의 독일 법학계에서 집중적으로 논의되었다.[14)

그러나 이와 같이 매우 오래 되었으면서도 또 항상 새로운 문제로 전개되어온 사물의 본성론은 각 시대와 각 학자들에 따라 그 문제의식에서 많은 변화와 차이를 보여주고 있다.[15) 따라서 우리는 총체적 법사유로서 사물의 본성론을 고찰하기에 앞서 먼저 사물의 본성론이 각 시대와 각 학자들에게 있어서 어떻게 논의되고 있는지 그 문제의식에 논의의 초점을 맞춰 고찰해볼 필요가 있다.

여기에서는 이를 크게 근대 이전, 근대, 현대의 3시기로 나누어 검토해보고자 한다. 특히 현대에서 사물의 본성에 관한 논의를 살펴보면서 사물의 본성론이 총체적 법사유로서 논의될 수 있는 가능성에

---

12) 사물의 본성론의 역사에 대해서는 G. Radbruch, Die Natur der Sache als juristische Denkform, S. 5 ff.
13) 자세한 것은 G. Radbruch, Die Natur der Sache als juristische Denkform, S. 22 ff.; W. Maihofer, Die Natur der Sache, S. 52-53.
14) E. Wolf, Das Problem der Naturrechtslehre, S. 79-87.
15) 자세한 것은 이준구, 사물의 본성에 관한 법리연구, 19면 이하 참조.

대해 구체적으로 검토하고자 한다. 그렇게 함으로써 사물의 본성론이 해결하고자 하는 현대적 과제가 무엇이며, 이러한 현대 법철학의 과제를 사물의 본성론이 구체적으로 어떻게 극복할 수 있는지 이해할 수 있을 것이다.

1. 고대와 중세의 사물의 본성론

사물의 본성에 대한 논의의 발단은 고대 그리스의 '자연적 정의(physei dikaion)'[16] 사상과 로마의 '物의 본성(rerum natura)'[17] 사상에서 엿볼 수 있다. 고대에서의 사물의 본성에 대한 논의는 주로 아리스토텔레스와 키케로의 사상에 잘 나타나 있다. 아리스토텔레스는 그의 자연(Natur) 개념과 엔텔레키(Entelechie) 이론에서 사물의 본성에 대한 그의 사상을 극명하게 보여주고 있다.[18] 키케로도 역시 '物의 본성'을 개개 사물의 본질이라고 이해하고 이들 개개 사물의 본질

---

16) G. Radbruch, Die Natur der Sache als juristische Denkform, S. 6; W. Maihofer, Die Natur der Sache, S. 52. 고대에서 퓌지스(physis) 개념은 노모스(nomos) 개념과는 달리 인위적이고 상대적인 것이 아니라 보다 근원적인 인간의 생활 자체에 내재해 있는 영구 불변의 사물의 본질이며 사물의 생성인인 동시에 행위의 목표이기도 한 이른바 존재와 당위를 통일한 개념이다.

17) G. Radbruch, Die Natur der Sache als juristische Denkform, S. 22-23.

18) 아리스토텔레스의 자연 개념에 대해서는 황산덕, 법철학강의, 72면 이하 참조. 그리고 엔텔레키 이론에 대해서는 E. Fechner, Rechtsphilosophie, S. 149 ff. 참조.

에서 야기되는 이성적 규칙을 사물의 본성이라고 고찰하고 있다.[19]

중세에 있어서 사물의 본성은 '物의 본질(natura rei)' 혹은 '대상의 본질(natura objecti)'로부터 연역되며, 이는 신학적 자연법 체계의 이론적 초석이 되고 있다.[20] 중세의 사물의 본성론은 후기 스콜라 철학의 사물정의 이론과 아퀴나스의 방대한 자연법 체계 속에 잘 나타나 있다. 후기 스콜라 철학에서 사물정의 이론은 존재론적으로 사물관계 자체 속에 객관적 가치구조가 존재한다고 주장한다.[21] 그리고 아퀴나스에 있어서 자연법은 사물관계에 내재하는 '物의 본질(natura rei)'에서 도출되는 것이며, 사물의 본질은 그 본성상 성립되는 바의 존재자의 평형성, 상당성 및 그 상호간의 적합성이라고 파악된다.[22]

이와 같이 근대 이전의 사물의 본성에 대한 논의는 아직 형이상학적 철학의 영역에서만 전개되고 있다. 근대 이전의 사물의 본성론은 법의 궁극적 원리를 존재론적으로 사물의 본성에서 찾고는 있으나, 그들이 밝히고자 하는 사물의 본성은 아직 형이상학적 색채를 제거하지 못한 형태로 나타나고 있다고 할 수 있다. 그들의 논의에서 나타나는 사물의 본성은 끊임없이 변화하고 생성하는 동적 의미의 사물의 본성인 것이 아니라, 고정된 불변의 정적 의미를 가지는 형이상학적 형태의 사물의 본성이라고 할 수 있다. 따라서 근대 이전의 사

---

19) G. Radbruch, Die Natur der Sache als juristische Denkform, S. 22-23.
20) W. Maihofer, Die Natur der Sache, S. 53.
21) W. Maihofer, Die Natur der Sache, S. 53; E. Wolf, Das Problem der Naturrechtslehre, S. 81.
22) W. Maihofer, Die Natur der Sache, S. 53; E. Wolf, Das Problem der Naturrechtslehre, S. 81.

물의 본성론은 법의 궁극적 원리에 대한 존재론적 고찰이라는 시도가 엿보이고는 있으나 아직 형이상학적인 철학의 차원에 머무르고 있음을 알 수 있다.

2. 근대의 사물의 본성론

근대의 합리주의적, 계몽주의적 자연법 사상의 주장 속에서도 법의 궁극적 원리를 사물의 본성에서 구하고자 하는 사상은 변함없이 강조되었다.[23] 그러나 여전히 사물의 본성론은 형이상학적 철학의 영역에 머물러 있다. 이렇게 역사적으로 자연법과 더불어 주로 철학자들에 의하여 논의되어 왔던 형이상학적 색채가 농후한 사물의 본성론이 철학의 영역으로부터 법학의 영역으로 넘어오게 된 것은 몽테스키외에 이르러서부터라고 할 수 있다.[24]

몽테스키외는 그의 『법의 정신』에서 다음과 같이 말하고 있다: "가장 넓은 의미에 있어서의 법은 사물의 본성에서 유래하는 여러 필연

---

23) 16세기 프랑스의 보댕은 스콜라 철학에서의 자연종교(religio naturalis) 사상으로부터 자연적 창조질서라는 관념을 구상하고 모든 존재자는 사물의 본성에 내재하는 관계에 의거하여 자신에게 부여된 사회적 임무를 수행하지 않으면 안 된다고 했다. 몽테뉴, 베이컨, 비코 등의 사물의 본성에 대한 논의는 E. Wolf, Das Problem der Naturrechtslehre, S. 82-85에 잘 서술되어 있다.

24) 자세한 것은 G. Radbruch, Die Natur der Sache als juristische Denkform, S. 26.

적인 관계이며, 그러한 의미에서 모든 존재는 그 법을 가지고 있다. 즉 신에게는 신의 법이 있으며, 물질계에는 물질계의 법이 있고, 천사에게는 천사의 법이 있고, 짐승에게는 짐승 나름대로의 법이 있으며, 인간에게는 인간의 법이 있는 것이다. … 그러므로 먼저 하나의 이성이 존재하고, 법은 그 이성과 각 존재와의 사이에 있는 관계와 그 각 존재 상호간의 관계인 것이다."25)

몽테스키외의 『법의 정신』의 목적은 이러한 사물의 본성에 기인하여 필연적으로 야기되는 인간의 사회적 존재질서의 파악에 있다고 하며, 이와 같이 인간이 만든 실정법에 앞서서 사물의 본성으로부터 나오는 자연법이 이미 존재한다고 한다.26) 인간의 본성으로부터 연

---

25) 몽테스키외, 손석린 역, 법의 정신 (상), 17면 이하. 이와 같은 몽테스키외의 주장을 단순하게 받아들인다면, 일체의 현상은 인간의 의지로서는 어떻게 좌우할 수 없고 다만 숙명적으로 받아들일 수밖에 없는 것으로 생각할 수도 있을 것이고 또 기계론적 유물론의 입장을 취하고 있는 것처럼 보이기도 하지만, 계속되는 구절을 신중하게 읽어보면 몽테스키외의 법에 관한 개념규정은 매우 탄력성을 가지고 있는 것임을 알 수 있다. 몽테스키외의 사물의 본성에 대한 언급을 자세히 살펴보면 다음과 같다: "가장 넓은 의미에서의 법은 사물의 본성으로부터 나오는 필연적 관계이다. 따라서 이런 의미에서 모든 존재는 그들의 법을 가지고 있다. 신은 그의 법을 가지고 있으며, 물질세계는 그의 법을 가지고 있으며, 인간보다 상위에 있는 예지적 존재는 그의 법을 가지고 있으며, 동물은 그의 법을 가지고 있으며, 인간은 그의 법을 가지고 있다. 어떤 맹목적 필연성이 이 세상에서 우리들이 볼 수 있는 모든 결과들을 창조해냈다고 말하는 사람들은 아주 불합리한 주장을 하고 있는 것이다. 도대체 어떤 맹목적 필연성이 예지적 존재를 창조했다고 생각하는 것보다 더 큰 불합리가 어디에 있겠는가? 따라서 하나의 원초적 이성이 존재하고

원하여 시간과 공간을 초월하여 모든 시대와 민족에 대하여 보편적으로 타당한 추상적 자연법과는 달리, 이러한 사물의 본성으로부터 나오는 자연법은 일정한 시간과 공간 속에서 그 시대와 그 민족에 대하여 구체적으로 타당한 구체적 자연법을 의미한다.[27]

몽테스키외에 의하여 법학의 영역으로 넘어오게 된 사물의 본성론은 근대 독일의 법학계에서 본격적으로 논의되었다. 근대 초기의 합리주의적 자연법이 법전화한 결과 근대 독일법학에서는 판덱텐 법학이 등장하게 되고 전통적인 자연법 사상은 후퇴하게 된다. 그럼에도 불구하고 사물의 본성 또는 사물의 이성에 기초하여 법률관계의 자연법적 구성을 시도하고자 하는 노력은 끊임없이 계속되었다.[28]

있다. 모든 법들은 이 원초적 이성과 각각 다른 존재들 사이에서 발견되는 관계이며, 또한 다른 존재들 상호간의 관계이다. 개개의 예지적 존재들은 자기 스스로 만든 법을 가질 수 있으나, 스스로 만든 것이 아닌 법도 가지고 있다. 예지적 존재가 생겨나기 이전에 그러한 존재는 가능성으로 있었으며, 따라서 그들은 가능한 관계 속에 있었고, 그 결과 가능한 법을 이미 가지고 있었던 것이다. 만들어진 법이 존재하기 이전에 정의의 관계는 가능한 관계로서 존재하고 있었다. 실정법이 명하거나 금하는 것 이외에는 어떤 정당한 것도 어떤 부정당한 것도 존재하지 않는다고 주장하는 것은 마치 최초의 원이 그려지기 전에는 모든 반경은 같지 않다고 주장하는 것과 같은 것이다. 따라서 실정법에 앞서서 자연이 준 정당한 관계가 있고, 이 관계를 실정법이 정립한다는 점을 인정하지 않으면 안 된다." C. L. d. S. Montesquieu, De l'esprit des lois (Vom Geist der Gesetze), K. Weigend (Hrsg.), Reclam 1965, I, 1, S. 95 ff.; 심재우, 사물의 본성과 구체적 자연법, 31-32면 참조.
26) 몽테스키외, 손석린 역, 법의 정신, 4면 참조.
27) 심재우, 사물의 본성과 구체적 자연법, 32면 참조.
28) W. Maihofer, Die Natur der Sache, S. 53.

사물의 본성의 이념은 게르만법학자 또는 로마법학자, 역사법학파 또는 예링의 법이론에서도 볼 수 있으며,[29] 그 후의 자유법운동의 과정에서도 유추적 법적용의 기준으로 원용되고 있다.[30] 이러한 근대의 사물의 본성론은 법학의 영역에서 실정법의 내재적 보충원리로서 적용되고 있다. 이러한 사실을 우리는 자연법을 맹렬히 비판하면서도 사물의 본성을 원용하고 있는 역사법학파의 주장에서 알 수 있다.

역사법학파의 대표자인 사비니는 사물의 본성을 인간 본성의 제도적 결과로서 파악하고, 인간의 본성과 인간의 자유와 존엄에 대한 윤리적 규정의 논거로 바라보고 있다. 그리고 그것을 각각의 법제도에 의한 자유의 환경이라고 주장한다. 사비니는 이것을 "보다 새로운 사물의 본성"이라고 부르고 동시에 법이라는 것은 그 자체로서는 아무런 존재도 아니며, 오히려 법의 본질은 어떤 특별한 측면에서 관찰된 인간생활 그 자체라고 바라보고 있다.[31]

사물의 본성에 대하여 고전적 정의를 내리고 있는 역사법학파의 한 사람인 데른부르크는 다음과 같이 말하고 있다: "생활관계는 그 발전의 정도에 있어서 다소 차이가 있더라도 스스로 자신의 척도와

---

29) 예링은 법학적 구성의 자연사적 방법에 있어서 사물의 본성이라는 표현만큼 성실하게 그의 견해를 명실상부하게 묘사한 표현은 없다고 한다. R. v. Jhering, Geist des Römischen Rechts, S. 370; W. Maihofer, Die Natur der Sache, S. 55.

30) G. Radbruch, Die Natur der Sache als juristische Denkform, S. 6. 자유법운동의 본질은 법실증주의의 극복이라기보다는 법실증주의의 약점을 실증주의적 방법으로 극복하고자 하는 시도라 할 수 있다.

31) F. C. von Savigny, Vom Beruf unserer Zeit für Gesetzgebung und Rechtswissenschaft, S. 18.

질서를 보유하고 있으며, 이러한 사물에 내재하는 질서를 우리는 사물의 본성이라고 한다. 그러므로 만일 실정법규범이 존재하지 않든지 혹은 그것이 불완전 또는 불명확한 경우에는 사려깊은 법률가라면 이러한 사물의 본성에로 되돌아가 그것에 내재하는 질서에 의거해야만 한다. … 사물의 본성은 자연법과 혼동해서는 안 된다. 자연법은 인간의 본성 자체에서 이끌어내어지는 추론들에 근거한다. 자연법은 직접적인 법적용에 적합하지 않다.”32)

이와 같이 역사법학파는 자연법에 대한 비판적인 태도에도 불구하고 사물의 본성을 원용함으로써 사물의 본성론에 실정법의 내재적 보충원리라는 법학상의 지위를 부여하고 있다. 이러한 실정법의 내재적 보충원리로서 사물의 본성론은 자유법운동을 주장하는 자들에게서도 유추적 법적용의 기준으로 원용되고 있다.33)

그러나 그 후 법철학에서 법실증주의적 경향이 점차 강해지게 되면서 사물의 본성론은 자연법과 더불어 법실증주의에 의해 단죄되기에 이른다. 법실증주의의 입장에서 베르크봄은 사물의 본성과 유추, 이 양자 따위는 존재해서는 안 된다고 강력하게 주장한다.34) 19세기

---

32) H. Dernburg, Pandekten, S. 87; G. Radbruch, Die Natur der Sache als juristische Denkform, S. 8.
33) G. Radbruch, Die Natur der Sache als juristische Denkform, S. 8.
34) 법실증주의자인 베르크봄은 “아직 존재하지도 않는 법규범을 사물의 본성으로부터 억지로 이끌어내려는 사람들이 지금도 여전히 있다”는 조소섞인 비난을 하고 있나. K. Bergbohm, Jurlsprudenz und Rechtsphilosophie, S. 353. 그러나 이러한 조소적인 비난은 당시의 자연법주의자인 키르히만에 의하여 “입법자가 세 마디의 말을 바꾸면 도서관의 모든 법률서는 휴지로 변하고 만다”는 또 다른 조소섞인 비난에 의해 반박되고 있다. J. H. v.

말의 극단적인 법실증주의의 시대에 있어서는 다음과 같은 베르크봄의 신랄한 조소가 널리 퍼지게 되었다: "지금도 전향적인 법은 유추라는 명목에 숨어서 그 본질을 나타내고 있고, 사물의 본성으로부터 존재하지도 않는 법규범을 강탈하려는 경향이 있으며, 정리되지 못한 형평감정이 형평의 이름으로 실정법을 약화하려고 하고 있다. … 실정법이 결함을 지니고 있다는 전제는 잘못된 것이다. 실정법은 아무런 결함도 지니고 있지 않다. 만일 누가 법 속에 결함이 있다고 상정한다면, 그 결함은 다만 법을 연구하는 자 자신 속에 있는 것이며, 결코 법 속에 있는 것이 아니다. 연구자는 그 지식의 보충을 필요로 하지만, 법은 그 규범의 보충을 필요로 하지 않는다. 법은 그 규정된 소재에 거의 아무것도 포함하고 있지 않는 경우에도 언제나 결함없는 전체의 모습으로 현존하는 어떤 것이다."[35]

이러한 베르크봄의 견해는 존재와 당위의 엄격한 구분과 "법률은 법률이다"라는 표어로 대표되는 법실증주의적 도그마의 논리적 귀결에 따른 것으로 당시의 법학을 지배했으며, 이에 따라 사물의 본성 개념은 법실증주의에 의하여 신랄하게 비판되고 순수법학에서는 아

Kirchmann, Die Wertlosigkeit der Jurisprudenz als Wissenschaft (1848), S. 25.

35) "법은 외부로부터의 보충을 전혀 필요로 하지 않는다. 왜냐하면 그 내적인 풍요함과 자기의 범위 내에 있어서의 그 논리적 발전력은 어떤 경우에도 법판단을 함에 있어서 모든 수요를 충족시키는 것이기 때문에, 법은 어떠한 경우에도 충분한 것이다." K. Bergbohm, Jurisprudenz und Rechtsphilosophie, S. 352; A. Kaufmann, Analogie und Natur der Sache, in: ders., Rechtsphilosophie im Wandel, S. 275.

예 비학문적인 것으로 다루어지게 되었다. 이와 같이 근대에 있어서 사물의 본성론은 실정법의 흠결시 그 내재적 보충원리로서 적용되는 법학상의 해석원리로 다루어지고 있으나, 법실증주의의 등장으로 인하여 비학문적인 것으로 단죄되어 버린다. 그러나 이러한 법실증주의는 법률을 전능시함으로써 곧 그 폐단이 드러나게 되었고, 제2차 세계대전 이후의 독일 법학계에서는 이러한 법실증주의의 폐단을 극복하는 것이 법학의 과제로서 등장하게 되었다.

3. 현대의 사물의 본성론

전후 독일 법학계에서 최대의 과제는 법률지상주의와 법실증주의의 극복이었다. 독일에서의 현대 법사고는 대부분 법실증주의의 권력국가적 경향에 대한 반성으로부터 시작하고 있다. 이는 나치 시대의 쓰라린 불법경험을 겪은 독일에 있어서 신칸트학파의 법철학이론이 너무도 무력했다는 데 대한 반성의 결과이기도 하다. 이러한 법률지상주의와 법실증주의에 대한 반발은 대체로 실정법 외적인 객관적 가치기준의 탐구에로 쏠리게 된다.[36] 이러한 실정법 외적인 객관적 가치기준을 탐구함으로써 법실증주의를 극복하고자 하는 일련의 움직임은 법존재론, 정법론, 구체적 자연법론, 사물의 본성론에 대한 활발한 논의를 불러 일으켰다.

---

36) A. Kaufmann, Zur rechtsphilosophischen Situation der Gegenwart, in: ders., Rechtsphilosophie im Wandel, S. 185 ff.

전후에 법철학의 논의에서 새롭게 등장한 사물의 본성론은 근대에 있어서의 단순한 실정법질서의 내재적 보충원리라고 하는 법학상의 하나의 해석원리라는 지위에서 벗어나, 이제 법형식주의의 모든 형태에 대한 외재적 비판원리라고 하는 법철학상의 한 원리로 승격되고 있다. 사물의 본성론은 고대와 중세에서 논의되던 일반철학의 영역과 근대에서 논의되던 법학의 영역을 넘어서 현대에 이르러서는 법철학의 영역에서 논의되기에 이르는 것이다. 그것은 더 이상 실정법의 흠결시 그 흠결을 보충하는 수단적 의미로서 적용되는 것이 아니라, 구체적 자연법과 실질적 정법의 내용으로서 실정법의 정당성 여부를 판단할 수 있는 외재적 비판원리로서 기능하게 되었다.

그러나 전후 독일에서 사물의 본성론이 모두 이와 같이 구체적 자연법과 실질적 정법으로서 논의되고 있는 것은 아니다. 그것은 또한 각 학자들의 입장마다 상이하게 논의가 전개되고 있어 매우 복잡다양한 이론적 양상을 보여주고 있다. 따라서 전후의 현대 독일에서 전개된 사물의 본성론을 총괄적으로 하나의 경향으로 파악하는 것은 매우 어려운 일이라 할 수 있다. 이러한 문제상황을 염두에 두면서 먼저 전후 독일에서의 사물의 본성론이 어떠한 문제의식 속에서 전개되고 있는지 몇몇 중요한 법철학자들의 논의를 중심으로 그 내용을 개괄적으로 살펴보기로 하겠다.

1) 라드브루흐의 사물의 본성론

라드브루흐는 사물의 본성을 법이념에 관련된 생활관계의 의미라고 규정하고 있다.[37] 그리고 그는 여기에서 사물이란 인간의 공동생활

내에서의 여러 생활관계와 생활질서의 총체, 그리고 그것들의 구성부분을 이루고 있는 여러 가지 생활사실을 의미한다고 말하고, 또 본성이란 사물의 의미, 즉 어떤 것에 의하여 현실에서 생각되어진 의미가 아니라 오히려 생활관계의 성질 그것에서 이끌어내야 할 객관적 의미라고 말하고 있다.[38] 이를 기초로 하여 라드브루흐는 사물의 본성을 존재에 있어서 실현된 당위라고 파악하고, 존재와 당위의 두 영역 사이의 엄격한 방법이원주의를 어느 정도 완화하려고 시도하였다.[39]

그리고 사물의 본성과 법이념의 관계에 대하여 라드브루흐는 다음과 같이 바라보고 있다. 법이념은 어떻게 해서든지 사물의 본성을 고려하지 않으면 안될 뿐만 아니라, 사물의 본성에 이하여 내적으로 규정되고 있어서 법이념 속에 사물의 본성이 불가분적으로 융합되어 있다고 한다.[40] 사물의 본성은 존재하는 것이 아님에도 불구하고 존재하는 것과 결합되어 있으며, 그것은 사실로서의 생활관계에 귀속해야 할 의미이며, 이러한 의미의 기초가 되는 것이 법이념의 표현이라고 라드브루흐는 파악하고 있다.[41] 그러나 그는 이러한 사물의 본성에 대하여 아직 자기 자신의 힘으로써 효력을 가지는 것이라고 할 수 없으며, 그것은 그 자신이 법원(法源)은 아니지만 어떠한 법원이 그것에 명시적 또는 묵시적 여지를 줄 때에만 비로소 효력을 가지는 보충적 법원으로 된다고 한다.[42]

---

37) G. Radbruch, Die Natur der Sache als juristische Denkform, S. 15.
38) G. Radbruch, Die Natur der Sache als juristische Denkform, S. 15.
39) 라드브루흐, 최종고 역, 법철학, 삼영사, 1986, 360면.
40) G. Radbruch, Die Natur der Sache als juristische Denkform, S. 15.
41) G. Radbruch, Die Natur der Sache als juristische Denkform, S. 15-16.

2) 코잉의 사물의 본성론

코잉에 의하면, 사물의 본성은 한편으로는 인간의 자연적 능력, 본능, 의욕 등 인간의 본성을 포함하며, 다른 한편으로는 인간의 개별적 활동영역과 공동체에 고유한 사물법칙성을 의미한다. 다시 말하면 사회생활에 있어서 사물의 본성은 결국 인간의 본성과 그가 생활하는 세계의 본성에 근거하고 있다.[43]

코잉은 이러한 사물의 본성을 무시하고 올바른 질서가 세워질 수 없다는 것을 강조한다.[44] 그는 법질서가 인간의 정당한 성향을 지속적으로 억압할 때 법에 의한 사물의 본성의 무시에 내재하는 위험성이 명백해지며 또한 사회생활에 미치는 영향이 점차 위협적으로 변한다고 한다. 그것은 개인으로 하여금 규칙대로 법에 의하여 보호된 이익을 포기할 것인가 아니면 비합법적으로 행동할 것인가를 선택하도록 강요하게 되고 실제에 있어서는 대개 비합법적으로 행동하도록 몰아넣고 말게 된다. 그렇게 되면 점점 불법적인 행위가 늘어나게 되고, 결국은 일단 선언된 합법적인 처벌이 지나친 것으로 보여지게 되고, 법관은 정신적 고민에 빠지게 되고 법의 권위가 손상되는 결과를 초래하게 된다고 한다.[45]

그러나 코잉은 사물의 본성을 관찰하는 것만으로 법이념의 문제로

---

42) G. Radbruch, Die Natur der Sache als juristische Denkform, S. 15.
43) H. Coing, Grundzüge der Rechtsphilosophie, S. 119.
44) H. Coing, Grundzüge der Rechtsphilosophie, S. 120.
45) H. Coing, Grundzüge der Rechtsphilosophie, S. 120.

서 제기된 모든 문제에 답할 수는 없다고 한다. 왜냐하면 사물의 본성은 우리에게 질서의 요소만을 제시할 뿐이며 결코 질서 자체를 제시해주는 것이 아니기 때문이다.[46] 따라서 그는 사물의 본성을 관찰하는 것을 통해서는 법질서와 관련된 소재를 얻을 수 있을 뿐이며, 법을 통한 일정한 평가는 도덕적 결정에 의해서만 해결을 얻을 수 있다고 한다.[47]

3) 카우프만의 사물의 본성론

카우프만은 법이론적, 방법론적 관점에서 사물의 본성을 고찰하고 있다.[48] 그는 입법과 법발견을 각각 법이념과 장래에 일어날 생활관계와의 동화와 법률규범과 현실적 생활관계와의 동화라고 하고, 이러한 입법 및 법발견 과정에서 법이념 혹은 법률규범과 생활관계가 상응화하고 동화하지 않으면 안 되는 의미 또는 그것에 의하여 이 양자가 서로 일치에 이르게 되는 의미를 바로 사물의 본성이라고 한다. 따라서 그에게 있어서 사물의 본성은 입법절차와 법발견절차에 있어서의 매개자, 즉 비교의 영역으로 된다.

카우프만에 의하면, 사물의 본성은 존재와 당위가 서로 만나는 장소이며, 또한 현실과 가치가 서로 결합되는 방법론적 장소이다. 그러

---

46) H. Coing, Grundzüge der Rechtsphilosophie, S. 122.
47) H. Coing, Grundzüge der Rechtsphilosophie, S. 120-140.
48) A. Kaufmann, Analogie und Natur der Sache, in: Rechtsphilosophie im Wandel, S. 308.

나 존재와 당위의 이와 같은 동화와 상응화는 결코 하나의 현실과 가치의 상위를 극복하려는 것은 아니다.[49] 그것은 다만 사물과 본성이라고 하는 양극성 속에 존재하고 있는 의미에서 보여지는 사고형태이며, 따라서 사물의 본성에 대한 인식은 항상 복합적인 경위, 즉 지도적 가치관점 아래에서의 사물관계 분석으로 증명될 것이다.[50] 사물의 본성의 추론은 사태에서 규범으로 혹은 규범에서 사태로의 추론이며, 그 인식방법의 핵심은 유추적 방법이라고 한다.[51]

사물의 본성은 유추 추론의 중심이며, 입법 뿐만 아니라 법발견의 유추적 수행의 기초가 된다. 왜냐하면 그것은 사물정의와 규범정의 사이의 중간이며, 이러한 것으로서 모든 법인식에 관계되는 객관적, 법적 의미의 고유한 담당자이기 때문이다.[52] 이러한 사물의 본성에서의 추론과 유추론은 결코 수학적 확실성을 가진 것이 아니라 개연성을 가진 것에 지나지 않는다. 따라서 그는 이 영역에 있어서는 어떠한 것도 실증되지는 않지만, 실로 많은 것이 지시되어 있다고 한다. 카우프만이 말하는 이와 같은 특수한 사물관계와 일반적인 규범 사이의 매개자로서 사물의 본성은 결국 유형 개념과 유사성을 가지게 된다.[53]

---

49) A. Kaufmann, Analogie und Natur der Sache, S. 288 ff.
50) A. Kaufmann, Recht und Sittlichkeit, in: Rechtsphilosophie im Wandel, S. 245.
51) A. Kaufmann, Analogie und Natur der Sache, S. 288.
52) A. Kaufmann, Analogie und Natur der Sache, S. 308.
53) A. Kaufmann, Analogie und Natur der Sache, S. 310.

4) 마이호퍼의 사물의 본성론

마이호퍼에 있어서 사물의 본성론은 주관성과 객관성, 인간과 세계 사이에서 일어나는 사건의 복합체인 생활사태의 본성으로 파악된다. 그것은 자연적 사실(entia physica)로서의 생활사태의 자연법칙성과 문화적 사태(entia moralia)로서의 생활사태의 사물법칙성을 포함하는 것이다.[54]

마이호퍼에 의하면 법적 규율의 대상이 되는 생활사태는 자연적 사실로서보다 오히려 문화적 사태로서 고찰된다.[55] 생활사태가 인간과 세계 사이에서 일어나는 사건의 복합체이듯이, 문화적 사태도 일상생활 세계에서의 일정한 역할과 일정한 상태에 처해 있는 인간의 만남, 즉 공존의 실존적 양상으로 파악된다.[56] 즉 문화적 사태, 인간의 존재양식을 고찰할 때, 우리는 사는 사람 혹은 파는 사람, 의사와 환자, 선생과 학생이라고 하는 일정한 특성을 이루는 '로서의 존재(Alssein)'라는 관념에 이른다. 이와 같이 '로서의 존재'가 가지는 제 특성을 마이호퍼는 존재자의 실존에서 유래하는 특성, 생활사태의 의미핵심으로서 중심적으로 취급되는 사태라고 하여 이것이 사물의 본

---

54) W. Maihofer, Die Natur der Sache, in: A. Kaufmann (Hrsg.), Die ontologische Begründung des Rechts, S. 64-69.

55) W. Maihofer, Die Natur der Sache, S. 69.

56) W. Maihofer, Die Natur der Sache, S. 70. 이리하여 사물의 본성은 인간관계, 즉 사회적 생활역할과 생활상태의 다양한 구조로 집약된다. 마이호퍼의 '로서의 존재(Alssein)'의 법철학에 관하여는 심재우, 현대의 독일 법철학의 동향 참조.

성의 기반을 이루고 있다고 한다.[57]

또한 사회에는 이러한 생활사태 이외에 '로서의 존재' 상호간의 일정한 지시와 상응에서 이루어지는 사물법칙적 구조가 존재하며, 이러한 사물법칙적 구조가 문화의 세계 전체에 있어서 질서의 구조를 이루고 있다고 한다. 즉 사회적인 '로서의 존재'는 그 역할과 상태에 있어서 다음과 같은 네 가지의 질서구조를 이루고 있다. ① 서로 지시하고 상응하는 **존재구조**, ② 서로 평등관계와 상하관계에서 항상 관련을 맺고 또 이러한 관련 상태에서 서로에 대한 의미가 성장하는 **의미구조**, ③ 이러한 의미가 서로에 대해 일정한 기대를 성립시키고 또 이 기대는 타인의 자연적 또는 이성적인 이익의 존재론적 근거가 되어 서로의 행위가 서로에 대해 가치성을 가지는 **가치구조**, ④ 이러한 역할과 상태에서 나오는 서로에 대한 기대는 황금률이나 정언명령 등의 모든 진정한 질서의 근본 규율이며 인간 상호간의 보편적인 행위법칙을 바탕으로 자연히 요구 또는 요청으로 화하게 됨으로써 타자에 대해서는 의무의 **당위구조**를 이루게 되는 존재론적 근거가 된다. 마이호퍼는 이와 같이 존재구조, 의미구조, 가치구조, 당위구조라는 사물법칙적 구조가 문화적 사태에 있어서의 질서구조를 이루고 있다고 한다.[58]

마이호퍼는 생활사태의 본성으로서 파악되는 사물의 본성에 대한 논의는 결국 법학 및 법철학에서 다음과 같은 네 가지의 의미를 가

---

57) W. Maihofer, Die Natur der Sache, S. 71.
58) W. Maihofer, Die Natur der Sache, S. 72-83. 이러한 문화적 사태의 질서구조에서 존재와 당위는 서로 밀접한 연관관계 속에 놓이게 된다.

진다고 한다. 즉 ① 실정법률 이외의 법원으로서 법이론적 의미, ②
실질적 정의의 구체적 척도로서 법철학적 의미, ③ 구체적 자연법 사
고로서 사물의 본성으로부터의 법발견, ④ 구체적 자연법으로서 사물
의 본성으로부터의 법철학이라고 하는 의미를 사물의 본성론은 가지
게 된다.[59)]

5) 사물의 본성에 대한 다양한 논의

라드브루흐, 코잉, 카우프만, 마이호퍼 이외에도 현대의 사물의 본
성론에 대해서 중요한 의미를 가지는 학자들이 많이 있다. 여기에서
는 그들의 핵심사상을 간단하게 언급하는 것으로 그치고자 한다.

먼저 벨첼에 있어서 사물의 본성론은 사물논리적 구조로서 논의된
다. 벨첼에 따르면, 법실증주의는 존재론적, 사물논리적 구조가 모든
평가에 선행하여 존재함에도 불구하고 이러한 구조를 고려하지 않고
국가 제정법과 입법자의 의사만을 전능시하고 있다면서, 이를 극복하
는 방법은 초실정법적인 법에로의 복귀에 의해서가 아니라, 오히려
모든 실정법적 규칙에 선행하여 있는 사물논리적 구조를 파악하는
데 있다고 한다.[60)] 그는 또한 자연법을 파악하는 과정을 사회적 행위

---

59) W. Maihofer, Die Natur der Sache, S. 83-86. 마이호퍼에게서 사물의 본
성은 법률과 동렬에 서 있는 법률외적 법원이며, 모든 실정법의 실질적
정당성 및 인간적 정의의 초실정법적 척도이며, 따라서 법관과 입법자
를 구속한다. 실정법은 사물의 본성에 의하여 보충되고 근거지워지며,
법철학은 사물의 본성 자체에 존재하는 법적 표준의 전형, 즉 구체적
자연법이어야 한다.

의 가치원리를 탐구하는 과정이라고 하고, 자연법의 문제를 탐구함에 있어서 일체의 사유적 평가가 이에 구속되어 있고 모든 평가에 확고한 한계를 설정하고 있는 존재론적인 기본적 소여에 주의하지 않으면 안 된다고 한다. 그리하여 올바른 자연법에 도달하기 위하여는 씨줄과 같이 짜여져 있는, 어떠한 자의로부터 독립하여 확고한 지주를 제공하는 사물논리적 법칙성을 끈질기게 탐구하여야 한다고 한다.[61]

슈트라텐베르트는 사물논리적 구조론과 사물의 본성론을 구별하여, 사물논리적 구조론에서는 목적과 의미에 향해진 인간의 태도 그것이 문제의 핵심으로 되어 있는 데 대하여, 사물의 본성론은 그 다양한 차이에도 불구하고 공통적으로 의미에서 바라보는 사회적 세계를 그 대상으로 하고 있으며, 따라서 목적과 의미의 내용이 문제의 중심으로 되어 있다고 하면서 비판적인 논의를 전개하고 있다.[62] 사물의 본성은 본질적인 사물관계만을 확정할 수 있을 뿐이며, 법적 평가를 선취하여 결정할 수 없다고 슈트라텐베르트는 비판하고 있다. 그리고 법적으로 규제되어야 할 사회생활 현상이 복잡화됨에 따라 이를 사물의 본성에 따라 해결하는 일은 점점 더 적어지고 있으며, 뿐만 아니라 사물논리적 구조도 또한 때때로 해석론의 기초를 확정지울 수 없으며, 결국 법은 사회적 현실을 고려하지 않으면 안 된다는 의문의 여지없는 명제에 이르게 된다고 한다.[63]

---

60) H. Welzel, Naturrecht und materiale Gerechtigkeit, S. 198.
61) H. Welzel, Naturrecht und Rechtspositivismus, in: W. Maihofer (Hrsg.), Naturrecht oder Rechtspositivismus?, S. 337.
62) G. Stratenwerth, Das rechtstheoretische Problem der Natur der Sache, S. 21.

샴벡에 있어서 사물의 본성은 실정법의 선존재적 구조이며, 소여의 본질 혹은 규정적 근거로 파악된다. 그는 사물의 본성을 존재영역에서 구체적 사태를 이루는 사실적 소여의 성질과 인간의 본성 양자를 포함하는 것으로 파악하지만, 실정법상의 제 개념의 본질까지 그 대상으로 하는 것은 아니라고 한다.64) 그에게 있어서 사물의 본성은 사실성을 의미하는 동시에 이상성을 의미한다. 그리하여 있어야 할 실정법의 내용을 나타내는 사물의 본성은 법적 가치판단의 기준으로서 중요한 역할을 한다고 한다.65)

페히너는 사물의 본성을 현실적 요인의 현세적 피제약성과는 다른 것이라고 하고, 문제를 법학적인 대상에 한정시킨다면, 법이념에 관련된 생활관계의 의미가 곧 사물의 본성이라고 한다.66) 그리고 그는 이러한 사물의 본성은 구체적 문제를 해결하는 지침이며, 어떠한 일의적인 기준을 주는 것이 아니라고 한다.67)

바라타에 있어서 사물의 본성은 사실에다 항상 새로운 의미를 주면서 사실을 규정하고 제한하는 주체의 활동성으로 파악된다. 사물의 본성은 행위 속에 존재하며, 이 행위는 자기표현으로서의 사실과 사실의 의미를 결말지어 다시 행위 속에서 항상 활동적, 규범적 의미를

---

63) G. Stratenwerth, Das rechtstheoretische Problem der Natur der Sache, S. 15-20.
64) H. Schambeck, Der Begriff der Natur der Sache, in: A. Kaufmann (Hrsg.), Die ontologische Begründung des Rechts, S. 170 ff.
65) H. Schambeck, Der Begriff der Natur der Sache, S. 191.
66) E. Fechner, Rechtsphilosophie, S. 147 ff.
67) E. Fechner, Rechtsphilosophie, S. 149-151.

발견하는 객관적 규범을 동시에 야기시킨다고 한다.[68] 바라타는 이렇게 사물의 본성의 문제를 주관과 객관, 사고와 행동의 변증법적 긴장상태 속으로 투사함으로써 가치와 사실의 이원주의를 극복하고자 한다. 그러므로 사물의 본성은 실질적 정의의 조명적 원리로서 사실적인 것과 그것에 상응하는 확실성의 힘을 넘어서 세계의 전개 속에서의 진리의 자기유지이며, 사물의 본성에 따른 정당한 세계의 전개 속에서 원리와 목적이 되는 것은 인간, 즉 그 존재가 당위적 존재(ein Sein-Sollendes)인 존재자로서의 인간이라고 한다.[69]

위에서 언급한 학자들 이외에도 라렌츠, 헹켈, 엥기쉬, 보비오, 발벡, 드라이어, 슈프렝어, 가른, 타멜로, 스톤 등 많은 중요한 학자들의 사물의 본성론이 더 있지만, 이들의 사물의 본성에 대한 견해는 관계되는 곳에서 부분적으로 언급하기로 하고, 이제 전후 독일에서 다양하게 논의된 사물의 본성론의 문제의식과 그 논의의 핵심이 무엇인지 살펴보기로 하겠다.

6) 현대의 사물의 본성론의 문제의식

앞에서 살펴본 바와 같이 전후의 현대 독일에서 논의된 사물의 본

---

68) A. Baratta, Natur der Sache und Naturrecht, in: A. Kaufmann (Hrsg.), Die ontologische Begründung des Rechts, S. 161.

69) A. Baratta, Gedanken zu einer dialektischen Lehre von der Natur der Sache, in: A. Kaufmann (Hrsg.), Gedächtnisschrift für Gustav Radbruch, S. 179.

성론은 각 학자들마다 그 논의가 매우 다양하게 전개되고 있다. 이와 같이 전후 독일에서 사물의 본성에 대해 커다란 관심이 기울어진 것은 무엇 때문인가?

우선 법률지상주의와 법형식주의에 대한 비판의 관점으로부터 그것을 이해할 수 있을 것이다. 보비오에 의하면, 전후 독일에서의 사물의 본성에 대한 관심은 법을 입법자의 의사의 산물로 바라보는 유의주의에 대한 비판을 의미하며, 사물의 본성에서의 규범의 도출을 인정하는 반법실증주의의 주장을 뜻하며, 또한 규범보다도 현실을 중요시함으로써 전통적 법학이 보여준 도그마틱적 경향을 비판하고 목적론적 해석과 현실주의적 법학의 주장을 의미하는 것이라고 한다.70) 다시 말해 사물의 본성론은 그 근저에 법실증주의와 개념법학에 대한 비판적 사고가 흐르고 있으며, 형식적 법실증주의에 대해서 뿐만 아니라 추상적 자연법론에 대해서도 반대의 입장을 취하고 있다.

전후 독일의 법철학에서 논의된 사물의 본성론은 그것을 주장하는 각 학자들마다 그 견해가 상이하기는 하지만, 대체로 어느 정도 공통적인 요소를 가지면서 논의를 전개하고 있다. 그것은 개념법학에 대한 비판의 기치 아래 논의되고 있다는 점, 법존재론의 성과에 힘입으면서 그것과 더불어 실정법률에 앞서 존재하는 현실관계에 관심을 가진다는 점, 종래의 형식적 법실증주의의 기본적 도그마인 존재와

---

70) N. Bobbio, Über den Begriff der Natur der Sache, in: A. Kaufmann (Hrsg.), Die ontologische Begründung des Rechts, S. 90-92. 현실주의적 법학에 대해서는 W. Maihofer, Realistische Jurisprudenz, in: G. Jahr / W. Maihofer (Hrsg.), Rechtstheorie 참조.

당위의 이원론에 대해 비판을 가하고 이를 극복하고자 하는 점, 그리고 법해석에 있어서 개념법학적 법해석이 아니라 목적론적, 현실주의적 법해석을 시도하는 점 등 사물의 본성에 대한 다양한 논의에서 서로 공통점을 보이고 있음을 알 수 있다. 이러한 다양한 사물의 본성론에 있어서 공통된 문제의식은 결국 현대 법철학이 당면하고 있는 문제의식 그 자체라고 할 수 있다. 현대 법철학의 과제가 종래의 추상적 자연법론과 형식적 법실증주의의 일면적 법사유를 지양하고 구체적이고 현실적이며 총체적인 법사유로 향하고 있는 것처럼 사물의 본성을 둘러싼 법철학적 논의도 마찬가지로 그러한 방향에서 전개되고 있음을 알 수 있다.

이와 같이 현대의 사물의 본성론의 문제의식이 법률지상주의에 반대하여 실정법률에 앞서 존재하는 구체적인 현실관계에 향해져 있기는 하지만, 아직 그 자체로서 법학에서 독립적인 형태의 법사유로 성장하고 있지는 못하다. 많은 경우에 아직도 사물의 본성의 개념을 다분히 자연주의적으로 이해하는 입장이 있는가 하면, 독립된 하나의 새로운 법사유로 파악하기보다는 단지 법소재의 집합개념으로 파악하는 입장이 있다. 이러한 입장을 취하는 사물의 본성론은 법해석에서 단지 보충적 법원으로서 효력을 가질 뿐이며, 우리에게 질서 자체를 제시해주는 것이 아니라 질서의 요소만을 제시할 뿐이라고 하여 법학에서 사물의 본성이 가지는 의미를 매우 소극적으로 파악하고 있다. 가끔 사물의 본성론에 법철학상의 지위, 즉 실정법의 외재적 비판원리로서의 지위가 인정되는 경우가 있기도 하지만, 그 경우에도 적극적인 의미로서가 아니라 소극적인 의미로 파악하여 구체적 자연법과 실질적 정법에 대한 고찰은 법소재의 집합개념으로서의 사물의 본성에서가 아니라 법이념을 고찰함으로써 비로소 가능하게 된다고 한다.71) 이러한 입장의 사물의 본성론은 그 자체 법이념과 관련된 총체적 법사유로서가 아니라, 소극적으로 법소재의 집합개념으로서 사물의 본성을 고찰하고 있는 것으로 평가된다.

추상적 자연법론과 형식적 법실증주의의 일면적 법사고를 극복하고 총체적 법사고를 가능케 하는 현대 법철학의 과제를 수행할 수 있는 사물의 본성론은 어떠한 모습을 띠고 있는가? 그것은 구체적 자연법론으로서 논의되는 적극적 의미의 사물의 본성론일 것이다. 이러한 적극적 의미의 사물의 본성론은 실정법률 이외의 법원으로서 효력을 인정하고, 또한 사물의 본성에 법적 사고에 있어서의 변증법적 사유의 가능성을 찾고, 사물의 본성에 의한 법사고를 구체적 자연법 사고로 파악하고자 한다. 이러한 사물의 본성론은 존재와 당위의 엄격한 이원론을 비판하고 존재에서 당위의 도출을 시도한다. 그리하여 존재에서 도출된 당위, 구체적 현실관계에서 도출된 법이념을 구체적 자연법 또는 실질적 정법으로 파악한다. 구체적 자연법론으로서 사물의 본성론은 더 이상 법소재의 집합개념이라는 소극적 의미에서 사물의 본성을 파악하는 것이 아니라 적극적 의미에서 하나의 새로운 법사유로 사물의 본성을 파악하고 있다. 앞에서 살펴본 바와 같이 이러한 사물의 본성론은 카우프만과 마이호퍼의 사물의 본성론에서 잘 나타나고 있다.72)

---

71) H. Coing, Grundzüge der Rechtsphilosophie, S. 120-140.
72) A. Kaufmann, Analogie und Natur der Sache, S. 308 ff.; W. Maihofer, Die Natur der Sache, S. 85-86.

적극적 의미의 사물의 본성론과는 달리, 소극적 의미의 사물의 본성론은 사물의 본성을 자연주의적으로 법소재의 집합개념으로서만 파악하고, 법이념의 문제에 대한 검토에로 되돌아가 사물의 본성과 법이념의 관계 속에서 고찰할 때 비로소 구체적 자연법과 실질적 정법이 존재한다고 바라본다. 그들은 사물 자체 속에 객관적 가치가 존재한다는 것을 인정하고 있으나, 이들 객관적 가치의 법적 구속력은 약한 것이어서 법이념을 통해서만 비로소 그 정당성이 확보된다고 한다. 그러나 그들이 말하는 것처럼 이들 사물의 객관적 가치에 대한 효력을 낮게 평가해야 할 이유가 있는가? 그들이 사물의 객관적 가치에 대한 효력을 낮게 평가하는 까닭은 그것을 자연주의적으로 파악하는 데 기초하고 있다. 이에 대한 분석은 사물의 본성에 대한 개념적 분석을 요구한다. 사물의 본성론에서 말하고 있는 '사물', '본성', '사물의 본성'의 개념이 구체적으로 무엇을 의미하는지 검토해봄으로써 소극적 의미의 사물의 본성론이 기초하고 있는 자연주의적 이해의 한계를 바라볼 수 있을 것이다.

제 3 장

사물의 본성에 대한 개념적 논의

어떠한 논의이든 논의의 대상에 대한 명확한 개념파악이 중요함은 말할 필요가 없을 것이다. 사물의 본성에 대한 역사적 논의에서 살펴본 바와 같이, 사물의 본성 개념처럼 다의적으로 쓰이는 개념에 있어서는 무엇보다 그에 대한 명확한 개념적 검토가 필요하다고 할 수 있다.[73] 우리가 살펴보고자 하는 사물의 본성 개념은 '사물'이라는 개념에서부터, '본성'이라는 개념을 거쳐, 양자의 결합으로서 '사물의 본성' 개념에 이르기까지 오해를 불러일으킬 수 있는 여지가 많다.

사물의 본성에 대한 개념적 오해는 대부분 자연주의적으로 사물의 본성을 파악하는 데에서 비롯한다고 할 수 있다. 그러나 법학에서의 사물의 본성에 대한 진정한 개념 이해는 이러한 자연주의적 법소재의 집합개념으로서의 사물의 본성에 있는 것이 아니라, 법문제에 있어서 사실과 규범에 대한 총체적 법사유를 가능하게 하는 데 있는 것이다. 법학에 있어서 사물의 본성 개념은 결코 자연주의적 개념으로 파악할 것이 아니라, 총체적 법사유를 가능케 해주는 법학적 개념으로 파악하는 것이 중요하다. 그렇게 함으로써만 구체적 자연법과 실질적 정법으로서 논의되는 구체적이고 현실적인 법사유로서의 현대의 사물의 본성론에 제대로 접근할 수 있을 것이다.

이하에서 우리는 사물의 본성에 대한 개념적 논의를 그 구성요소를 이루고 있는 각각을 하나씩 나누어, 먼저 '사물'에 대한 개념적

---

73) 사물의 본성에 대한 개념적 고찰로서 자세한 것은 G. Sprenger, Naturrecht und Natur der Sache, S. 105 ff. 참조.

논의, '본성'에 대한 개념적 논의, 그리고 '사물의 본성'에 대한 개념적 논의의 순서로 살펴보고자 한다.

1. '사물'에 대한 개념 파악

'사물의 본성'에서 '사물'은 어떠한 의미를 가지는가? 대체로 개념은 그것이 어떠한 영역에서 쓰여지는가에 따라 같은 개념이라도 그 의미가 달라지게 된다. 사물의 본성 개념에서 사용되는 '사물'의 개념도 마찬가지이다. 우리는 보통 사물이라고 말할 때 우선 자연과학적 대상이 되는 자연주의적 사물의 개념을 머리에 떠올리게 될 것이다. 이러한 자연주의적 사물 개념은 우리의 인식활동에 맞서 있는 객관적인 인식대상으로서의 사물을 의미한다.

그러나 법학에서 논의되는 사물의 본성 개념에 있어서 사물의 개념은 결코 그와 같은 자연과학적 의미의 사물러서 이해될 것은 아니다. 왜냐하면 그러한 의미의 자연주의적 사물 개념은 규범적 판단을 다루는 법학의 영역에서는 커다란 의미를 가지지 못하기 때문이다.

그렇다면 법학의 영역에서 논의되는 사물의 개념은 무엇인가? 그것은 우선 모든 가능한 법적 규율의 대상을 뜻한다고 할 수 있을 것이다. 이러한 법적 규율의 대상이 되는 것으로는 인간의 지배와 처분의 객체가 되는 모든 물질적 대상, 즉 물건이 있으며, 그리고 신분적 관계의 당사자로서 혹은 현실적으로 형성된 사회관계의 당사자로서 혹은 단체의 구성원을 이르고 있는 인간 뿐만 아니라, 인간의 행위양태, 특히 목적적인 의미수행으로서의 행동 등도 포함되며, 또한 모든 사회관계, 즉 모든 사회생활의 관계와 제도가 포함되며, 또 사회생활의 현실적 소여로서의 사회 속에서 추구되고 있는 목적, 이익과 가치태도 및 가치질서가 포함될 것이다.

이와 같이 법적 규율의 대상이 되는 사물 개념은 매우 광범위한 것이어서 이를 일일이 열거하기란 거의 불가능한 일에 속할 것이다. 그럼에도 불구하고 이러한 사물의 개념을 정의내리고자 한다면, 법적 규율의 소재가 되는 일체의 존재적 소여, 즉 법의 현실적 요소라고 할 수 있을 것이다.

사물의 본성론에서 주장되는 '사물'의 개념에 대한 여러 학자들의 견해를 살펴보면 '사물'에 대한 개념은 대체로 데른부르크의 고전적 개념정의에서 볼 수 있는 바와 같이, 법적 규율의 대상으로서의 생활관계라고 하는 포괄적인 의미로 통용되고 있음을 알 수 있다.[74] 후버는 이를 '입법의 실재'로 표현하고 있다.[75]

이러한 생활관계, 법의 소재 그리고 입법의 실재로서 언급되는 사물의 개념에 대하여 라드브루흐는 다음의 세 가지로 이를 분류하고 있다. 첫째는 여러 자연적 사실로서, 예컨대 사과가 담 너머로 떨어지는 사실이라든가, 지구가 자전과 공전을 한다는 사실 등이 그에 속한다. 전자는 민법상의 상린관계에서 의미를 가지게 되며, 후자는 법률적 기간과 기한에서 의미를 갖는다. 나아가 인간생활의 자연적 형

---

74) H. Dernburg, Pandekten, S. 87; G. Radbruch, Die Natur der Sache als juristische Denkform, S. 8.

75) E. Huber, Über die Realien der Gesetzgebung, in: Zeitschrift für Rechtsphilosophie, S. 39 ff.

태, 즉 출생과 사망, 남녀의 결합, 부모와 자식의 관계 등도 법의 토대, 특히 친족상속법의 도태가 되는 것이다. 둘째는 법률관계 이전의 제 생활형태이다. 여기에는 앞에서 말한 자연적 사실이 그 핵을 이루기도 하지만, 이미 존재하는 관습, 풍습, 습관, 도덕 등에 의해 규제되는 생활관계들이 주로 논의된다. 셋째로는 법적으로 이미 규율된 법률관계이다. 앞의 사회적 생활형태들은 관습법이 되어 법소재로 작용하게 되며, 기존의 법률상태도 법의 소여로서 고려된다고 한다.[76]

마이호퍼에 있어서도 사물의 개념은 주관성과 객관성, 인간과 세계 사이에서 일어나는 사건의 복합체인 생활사태로서 파악되고 있으며, 이는 문화적 사태와 자연적 사실을 포함하는 포괄적 개념으로서 고찰되고 있다.[77]

이러한 논의를 종합적으로 고려해보면, 사물의 본성 개념에서 ‘사물’은 포괄적 의미의 법적 규율의 대상인 생활관계로서 이해된다고 할 수 있다. 그 중심을 이루고 있는 것은 그 의미와 본질에 있어서 인간에 의해 형성된 끊임없이 변화하는 구조를 가지고 있는 문화적 사태라고 할 수 있다. 이와 같이 사물의 본성에서 ‘사물’ 개념은 법에 있어서의 현실적 요소, 즉 법의 소재로서의 의미를 가지는 생활관계로 파악된다고 할 수 있을 것이다.

---

76) G. Radbruch, Die Natur der Sache als juristische Denkform, S. 10-13.
77) W. Maihofer, Die Natur der Sache, S. 64-69.

2. '본성'에 대한 개념 파악

사물의 본성 개념에서 '본성'의 개념은 '사물'의 개념보다 더 다의
적이며, 따라서 더 많은 오해를 불러일으킬 수 있다.[78] 보통 본성의
개념은 아리스토텔레스가 파악하는 것처럼 어떤 사물에 내재하는 원
리인 동시에 그 사물의 형성근거가 되는 것으로 고찰된다. 이러한 의
미에서의 본성 개념은 사물 고유의 성질을 뜻하는 것으로 이해되며,
다분히 자연주의적이고 정적 의미의 색채를 강하게 풍기고 있는 것
으로 받아들여진다.

그러나 사물의 개념에서와 마찬가지로, 사물의 본성에 있어서 본성
개념은 이와 같이 자연주의적 의미의 본성 개념으로서 파악될 것이
아니라 법학적 의미에서 파악되어야 할 것이다. 다시 말해 본성 개념
은 결코 일반적으로 사물에 내재하는 원리라는 의미에서 파악되기
보다는 본질적으로 객관적인 것으로서의 사물의 본질 또는 사물의
의미, 즉 생활관계 자체의 속성에서 도출되는 객관적 의미로서 이해

---

78) 에릭 볼프는 많은 학자들이 자연법론을 전개하고 있지만, 저마다 다른
의미의 자연법 개념을 사용하고 있다는 데 착안하여 자연법에서 '자연'
과 '법'의 의미변화에 따른 다양한 자연법 개념을 유형론적으로 분석하
고 있다. 그는 '자연'이라는 개념이 가지는 다양한 의미내용의 변화를
다음과 같이 아홉가지로 분류하고 있다: ① 개별성 (Individualität), ②
시원성 (Originalität), ③ 순수성 (Veritabilität), ④ 인과성 (Kausalität),
⑤ 이상성 (Idealität), ⑥ 창조성 (Kreatürlichkeit), ⑦ 실재성 (Realität),
⑧ 역동성 (Vitalität), ⑨ 개선성 (Renovatio). E. Wolf, Das Problem der
Naturrchtslehre, S. 21-93.

되어야 할 것이다.

그것은 끊임없이 변화하고 생성하는 법적 규율의 대상으로서 생활 관계 자체 속에서 도출되는 객관적 의미를 뜻하기 때문에, 자연주의 적이고 정적인 의미를 가지는 것이 아니라, 오히려 변화하고 생성하 는 규범적이고 동적인 의미를 가지는 것이다.

대부분의 학자들의 논의에 있어서 본성의 개념은 사물에 내재하고 있는 이성으로서 고찰되고 있다.[79] 그것은 곧 우리의 정신적 통찰을 통하여 사물에 투사시켜서가 아니라, 사물에 깊이 내재되어 있는 것 을 들추어냄으로써 밝혀지는 사물의 본질과 그 의미 내용을 말한 다.[80] 다시 말하면 그것은 존재 대상에 내재하는 본질부합성과 의미 부합성을 말한다. 이러한 정신적 통찰에 의하여 밝혀진 객관적 의미 인 본성은 절대적 확실성을 가지는 것이 아니라 상호주관적으로 이 루어진 객관적 통찰의 내용으로서 고도의 개연성을 가지는 것으로 파악된다.[81]

요컨대 사물의 본성에 있어서 본성의 개념은 고정된 정적인 의미 의 본성으로서가 아니라, 법적 규율의 대상으로서의 생활관계 자체로 부터 끊임없이 정신적 통찰을 통하여 발견되어지는 동적인 객관적 의미로서 파악된다. 그것은 또한 끊임없이 사물의 관계를 성찰함으로 써 법적 사고가 경직되는 것을 방지하고, 항상 법에 있어서 정당한 객관적, 규범적 기준을 제시하고자 하는 개념이라고 할 수 있다.

---

79) G. Sprenger, Naturrecht und Natur der Sache, S. 114.
80) G. Radbruch, Die Natur der Sache als juristische Denkform, S. 13.
81) 이에 대해 자세한 것은 심헌섭, 법철학, 159면 참조.

이러한 본성 개념은 구체적 자연법과 역사적 자연법에 있어서의
자연 개념과 같은 것으로서 이해될 수 있을 것이다. 그것은 곧 법에
있어서의 이념적 요소로서 파악할 수 있을 것이다. 즉 사물의 본성
개념에 있어서 사물의 개념이 법에 있어서의 현실적 요소를 뜻한다
고 한다면, 사물의 본성 개념에 있어서 본성의 개념은 법의 소재에
있어서의 객관적이고 규범적인 의미, 즉 법에 있어서의 이념적 요소
를 뜻한다고 할 수 있다. 그러나 이러한 본성의 개념이 추상적인 법
이념 그 자체를 의미하는 것으로 받아들여져서는 안 된다. 오히려 그
것은 사물에 관련된 구체적인 법이념이라고 할 수 있을 것이다.[82]

3. '사물의 본성'에 대한 개념 파악

우리가 앞에서 살펴본 바를 종합해보면, 사물 개념과 본성 개념의
결합형태인 사물의 본성 개념은 법적 규율의 대상으로서의 구체적인
생활관계 자체에서 정신적 통찰을 통하여 도출되어지는 객관적인 의
미라고 할 수 있을 것이다. 그것은 법의 현실적 요소 속에서 그 속에

---

82) 구체적 자연법에 있어서의 자연 개념과 사물의 본성에 있어서의 본성의
개념에 대한 자세한 고찰은 G. Sprenger, Naturrecht und Natur der
Sache, S. 15-62 참조. 여기에서 자연 또는 본성 개념은 법에 있어서의
이념적 요소, 즉 구체적 법현실과의 관계 속에서 파악된 구체적인 법이
념으로 파악된다. 마이호퍼에게서 그 내용은 인간의 규정을 뜻하는 것
으로, 결국 실존개념으로서 파악되고 있다고 할 수 있다. W. Maihofer,
Naturrecht als Existenzrecht, S. 48 ff.

내재하고 있는 객관적 의미, 즉 법의 당위적이고 이념적인 요소를 정신적 통찰을 통해 발견해내는 것을 뜻한다.

그것은 결코 어떤 사물의 내재적 원리인 본성이 일반적으로 존재하고 있다는 자연주의적 의미의 수준에 머물러 있는 것이 아니라, 오히려 그것은 존재영역 속에 내재해 있는 생활관계의 객관적 의미, 즉 당위적이고 규범적이며 이념적인 요소를 적극적으로 찾아내려는 차원의 의미를 가지고 있는 것이다. 즉 그것은 끊임없이 변화하고 생성하는 법적 생활사태의 객관적 의미를 정신적 통찰을 통해 찾고자 하는 부단한 노력을 의미하며, 또 그것은 법의 현실적 요소 속에서 법의 이념적 요소를 찾으려는 노력을 의미한다. 다시 말해 사물 개념과 본성 개념의 결합형태인 사물의 본성 개념은 사실에서 나타난 가치이며, 존재영역과 당위영역의 접근이며, 사실적인 것과 규범적인 것의 변증법적인 관련이라고도 할 수 있을 것이다.[83]

우리의 사회생활은 다양한 생활관계로 이루어져 있다. 그 생활관계가 개인과 개인 사이의 관계일 수도 있고, 개인과 단체 사이의 관계일 수도 있고, 개인과 국가 사이의 관계일 수도 있다. 그 관계들은 아무런 생명도 의미도 가치도 없는 단순한 자연적 사실관계가 아니라, 자기의 삶을 실현하는 실존적 의미를 가진 생활관계이다.

이러한 의미를 가진 생활관계에 내재하는 질서를 존중하지 않고 법률이 멋대로 규율한다면, 사람들의 삶 자체가 파괴되고 망가지게 될 것이다. 사비니가 말하고 있는 것처럼, 법이란 자기 자신을 위하여 존재하는 것이 아니라, 사람의 삶 자체를 위하여 존재하는 것이

---

83) A. Kaufmann, Analogie und Natur der Sache, S. 308.

다. 사람의 삶이 앞서 있는 것이지, 법률이 앞서 있는 것이 아니다. 따라서 사람의 삶 자체에 내재하고 있는 정당한 법이 실정법에 우선하지 않으면 안 된다. 다시 말해 인간의 삶을 위하여 법률은 구체적인 법, 즉 사물의 본성에 구속되지 않으면 안 된다.

그렇다면 우리의 사회생활관계에는 어떠한 구체적인 법질서가 내재되어 있는가? 우리의 사회생활관계를 주의깊게 들여다보면, 그 생활관계를 형성하고 있는 당사자는 반드시 일정한 이름을 가진 사회적 존재로서 타인과 관계를 맺고 있음을 알 수 있다.

우리의 일상생활에서 생활관계를 살펴보면, 예컨대 가정에서는 아버지라는 이름으로 자식을 만나며, 남편이라는 이름으로 아내를 만나고, 학교에서는 선생이라는 이름으로 학생을 만나고, 병원에서는 의사라는 이름으로 환자를 만난다. 시장에서는 구매자라는 이름으로 판매자를 만나고, 관청에서는 시민이라는 이름으로 관리를 만나고, 법정에서는 피고인이라는 이름으로 법관을 만난다.

그 생활관계의 형태가 어떠한 것이든 우리의 사회생활에서 사람과 사람의 만남은 개인적 존재로서 만나는 것이 아니라 사회적 존재로서 만나며, 개인적 이름으로 만나는 것이 아니라 사회적 이름으로 만난다. 이러한 사회적 존재가 갖는 사회적 이름은 아버지로서, 선생으로서, 의사로서, 구매자로서, 시민으로서의 존재라 불리우기 때문에 이러한 사회적 존재를 마이호퍼는 '로서의 존재(Als-Sein)'라고 부른다.[84]

---

84) W. Maihofer, Vom Sinn menschlicher Ordnung, S. 14 ff.; W. Maihofer, Recht und Sein, S. 114 ff.; 마이호퍼, 심재우 역, 법과 존재, 160면 이하 참조.

구체적 생활관계에서 이러한 사회적 이름을 가진 '로서의 존재'가 서로 만날 때에는 반드시 그 이름에 상응하는 일이 있게 마련이다. 일 없이 만나는 것은 생활관계가 아니다. 그 일은 사회적 이름의 본성에 따라 규정된다. 의사는 환자의 병을 치료하는 일을 하며, 어버이는 자식을 양육하고 교육하는 일을 하며, 법관은 피고인을 재판하는 일을 하며, 구매자와 판매자는 물건을 사고 파는 일을 한다.

이와 같이 사회적 이름에 상응하는 일이 '로서의 존재'의 역할이다. 이러한 사회적 존재의 사회적 역할을 제대로 하면, 즉 아버지는 아버지의 노릇을 제대로 하고, 선생은 선생의 노릇을 제대로 하고, 의사는 의사의 노릇을 제대로 하고, 판사는 판사의 노릇을 제대로 하면, 사회질서는 바로 잡히는 것이고 그렇지 못하면 사회질서는 흐트러진다.

그렇다면 법의 규범적 당위구조는 어떻게 이루어져 있는가? 이것은 존재에서 실현된 당위 또는 현실에서 나타나는 가치를 어떻게 발견하느냐에 달려 있다. 마이호퍼는 존재론적으로 볼 때, 존재와 당위는 대립되는 개념이 아니라, 존재로부터 당위가 연역될 수 있다고 한다. 모든 당위는 존재와 대립하고 있는 것이 아니라, 존재 자체의 예정기획이다. 즉 당위는 이념이나 가치의 초월세계와 같은 다른 세계에 있는 것이 아니라, 이 세계 내에서 존재자에게 귀속되어 있는, 그리고 기획이라는 관점에서 항상 미래에 지향되어 있는 그의 존재의 본래성에 비추어 파악되어야 한다고 한다.[85]

---

85) W. Maihofer, Recht und Sein, S. 122; 마이호퍼, 심재우 역, 법과 존재, 173면 참조.

　이렇게 본다면 사물의 본성에 따른 법사고는 법적 규율대상으로서의 생활관계 그 자체에서 있어야 할 상태를 그 객관적인 생활관계의 의미에서 찾아내고자 노력하는 실질적이고 구체적인 법사고를 의미하게 된다. 이러한 법사고는 결코 경직된 형이상학적 법사고가 아니라, 언제나 구체성과 총체성을 잃지 않는 변증법적 법사고라고 할 수 있다. 다시 말해 형식적인 법률에서 그 의미를 발견하는 개념법학적 법사고와는 달리 구체적인 생활관계 자체에 몰두하여 그 객관적, 규범적 의미를 발견하고자 하는 현실적이고 총체적인 법사고라고 할 수 있다. 요컨대 사물의 본성에 따른 법사고는 법의 현실적 요소와 법의 이념적 요소를 총체적으로 파악하고자 하는 변증법적 법사고를 의미한다.

　그러나 사물의 본성 개념을 이와 같이 법의 현실적 요소와 이념적 요소, 즉 존재와 당위에 대한 총체적 법사고로서 파악하는 것이 아니라, 단지 법소재의 집합개념에 지나지 않는 것으로 소극적으로 파악하는 입장이 있다.[86] 이러한 소극적 의미의 사물의 본성론은 형식적 법실증주의와 추상적 자연법론의 일면적 법사고를 극복하고자 하는 현대 법철학의 과제를 제대로 해결하지 못하고 있다. 소극적 의미의 사물의 본성론은 사물의 본성의 개념 파악에서 본성의 개념보다 사물의 개념에 더 무게를 두고 있으며, 또 사물의 개념과 본성의 개념에 대한 이해에 있어서도　다분히 자연주의적 경향을 띠고 있다. 그리하여 법소재의 집합개념으로서 파악되는 소극적 의미의 사물의 본성론은 그 법리의 전개에 있어서 사물의 본성을 하나의 총체적이고

---

86) 김영환, 법철학의 근본문제, 100면 참조.

구체적인 법사고로 파악하지 못하고, 사물의 본성을 법질서 자체를 제시해주는 것이 아니라 법질서의 요소만을 제시해줄 뿐이라든가 혹은 보충적 법원으로서의 효력만을 가지는 것으로 파악하는 등 다소 소극적인 양상의 법리를 전개하고 있다.

이와는 달리 사물의 본성을 현실과 가치를 함께 고찰하는 변증법적이고 총체적인 법사고로 파악하게 되는 적극적 의미의 사물의 본성론에 따른다면, 사물의 본성에는 소극적 견해에서 벗어나 현대 법철학의 과제를 해결하기 위한 좀 더 실천적인 의미가 부여되게 된다. 이러한 총체적 법사고로서 전개되는 사물의 본성론의 입장에서 바라볼 때, 법소재의 집합개념으로서 파악되는 사물의 본성론은 사물의 본성 개념에서 본성의 측면을 제대로 고려하지 않고 사물의 측면만을 강조하는 '반쪽의 사물의 본성론'으로 평가된다. 법의 현실적 요소와 이념적 요소를 모두 고려할 때에만 비로소 총체적이고 구체적인 법사유를 가능케 하는 완전한 의미의 사물의 본성론이 현대 법철학에서 자신에게 부여된 과제를 제대로 수행할 수 있게 된다.

한편 사물의 본성 개념과 관련하여 문제가 되고 있는 개념들이 있다. 인간의 본성, 사물논리적 구조, 법이념 등의 개념이 그것이다. 사물의 본성 개념과 이들의 관계가 어떠한지 개괄적으로 살펴보는 것이 필요하다.

먼저 사물의 본성과 인간의 본성의 관계에 대해서 살펴보기로 하자. 대체로 사물의 본성과 인간의 본성을 별개의 것으로 구분하는 견해가 있다. 이러한 견해에 따르면, 인간의 본성은 추상적 자연법의 궁극적 원리로서의 의미와 동시에 정의의 궁극적 원리로서의 의미를 가지는 것으로 파악된다. 그리고 사물의 본성은 구체적 자연법의 궁극적 원리로서 그리고 형평의 궁극적 원리로서의 의미를 가진다고 한다.[87] 그러나 양자를 이렇게 서로 별개의 개념으로 볼 것이 아니라, 인간의 본성이 사물의 본성에 포함되는 개념으로 파악하는 것이 더 타당하리라 생각한다. 이미 앞에서 살펴본 바와 같이 사물의 본성에 있어서 사물의 개념은 그것이 법소재라는 포괄적인 의미로 파악되기 때문에 그 속에 인간의 본성이 포함되는 것으로 보는 것이 옳을 것이다. 사물의 본성에 대한 논의를 전개한 대부분의 학자들도 인간의 본성을 포괄적인 법소재로서 사물의 개념에 속하는 것으로 파악하고 있다.[88]

사물논리적 구조라는 개념과 사물의 본성의 관계에 대해서는 벨첼과 같이 사물논리적 구조를 사물의 본성과는 별개의 개념으로 파악하고자 하는 입장이 있지만, 대부분의 학자들은 사물논리적 구조를 인간의 본성과 마찬가지로 포괄적인 의미의 사물의 본성에 포함되어 존재론적 소여의 한 구성부분을 이루고 있는 것으로 파악하고 있다.

법이념과 사물의 본성의 관계에 대해서는 대체로 양자를 서로 구분되는 것으로 파악하고 있는 것으로 보인다. 즉 사물의 본성은 그것이 곧 법이념 자체를 뜻하는 것이 아니라, 어디까지나 법이념이 구체화될 수 있는 방법과 수단을 말하는 것이며, 결코 법이념과 동일시될 수 없다고 한다.[89] 그러나 사물의 본성을 소극적 의미에서가 아니라 적극적 의미에서 접근하게 된다면 사물의 본성은 구체적 자연법과 실질적 정의라는 의미를 얻게 되는데, 이 경우에는 법이념이 추상적

---

87) 라드브루흐, 최종고 역, 법철학, 66면.
88) 반대의 입장으로는 심재우, 사물의 본성과 구체적 자연법, 50면 이하 참조.
89) 라드브루흐, 엄민영 / 서돈각 역, 법철학입문, 50-52면.

인 것에 머물러 있음에 반해 사물의 본성은 구체적 법이념으로서 파악된다. 즉 현실과의 연계를 강하게 맺고 있는 사물의 본성은 현실과 연계를 맺고 있지 못하는 추상적 법이념보다 강력한 힘을 지니고 있는 구체적 법이념으로서 나타난다. 따라서 사물의 본성은 법이념과 밀접한 관련을 가지고 있지만, 현실 속에서 구현된 실질적이고 구체적인 법이념이라는 점에서 추상적 법이념과는 분명히 구별된다고 할 수 있을 것이다.

이와 같이 법의 현실적 요소로서의 사물 개념에서 법의 이념적 요소로서의 본성 개념을 찾고자 하는 사물의 본성론은 구체적 법현실관계에서 객관적인 법이념을 찾고자 하는 총체적 법사고로서 자리매김될 수 있다. 그것은 하나의 새로운 법사고로서 법소재의 집합개념으로서 논의되는 소극적 의미의 사물의 본성론을 넘어서고 있다. 이와 같이 구체적이고 총체적인 법사고로서 사물의 본성론이 이해될 때, 형식적 법실증주의와 추상적 자연법론이라는 일면적 법사고의 극복이라는 현대 법철학의 과제가 제대로 해결될 수 있을 것이고 또 실정법에 대한 외재적 비판원리라고 하는 그 현대적 기능을 제대로 발휘할 수 있을 것이다. 총체적 법사고로서 사물의 본성론은 먼저 구체적인 법현실관계에서 객관적 법이념을 도출하고자 함으로써 법의 현실적 요소와 법의 이념적 요소를 함께 고찰의 대상으로 삼고자 한다. 총체적 법사고로서 사물의 본성론의 법리가 구체적으로 어떻게 전개되는지 다음의 고찰에서 살펴보기로 하겠다.

제 4 장

사물의 본성에 대한 법이론적 논의

법이란 결코 입법자의 자의의 산물이 아니며, 인간의 본성과 사물의 본성에 구속되어야 한다. 실정법은 정당성의 척도를 자신 가운데 지니고 있지 않으며, 그 배후에 있는 정당한 법의 척도에 비추어 비로소 자신의 정당성을 확인받을 수 있다. 이러한 척도의 하나로서 현대 법철학에서 논의되는 사물의 본성(Natur der Sache), 사물의 이성(Vernunft der Sache) 또는 자연의 이성(naturalis ratio) 등의 이름으로 불리우는 사물의 법칙성은 도대체 무엇인가?

법이 사회생활을 하는 인간들 사이의 관계를 규율하는 것이라고 한다면, 앞에서 살펴본 바와 같이 법학적 의미에서의 사물의 본성은 그 인간의 생활관계에 내재하고 있는 법칙성을 찾는 데 있다고 할 수 있다. 다시 말해 데른부르크가 말하고 있는 것처럼 존재에 내재하는 당위(das dem Sein innewohnende Sollen) 또는 라드브루흐가 말하고 있는 것처럼 존재에서 실현된 당위(das am Sein verwirklichte Sollen)를 찾는 데 있다고 할 수 있을 것이다.

이와 같이 존재 자체에 내재하는 당위가 무엇인지 밝히기 위해서는 신칸트학파의 방법이원론과 같이 인식비판적 방법에 의하여 접근하는 것은 불가능하고, 존재 자체에 당위가 내재되어 있다고 하는 사유방식을 통해서만, 즉 존재론적 방법에 의해서만 가능할 것이다. 왜냐하면 방법이원론에 의하면, 당위명제는 당위명제로부터만 도출될 수 있고, 결코 존재명제로부터 당위명제는 도출될 수 없기 때문이다. 이 문제에 대해서는 존재와 당위의 관계에서 좀 더 상세하게 다루어질 것이다. 방법이원론의 사고를 끝까지 고수한 라드브루흐는 사물의 본성을 존재와 당위의 대립을 완화시키는 가교의 역할을 한다고 말하고 있다. 그러나 그것은 사유논리적으로 불가능한 것이며, 오로지 존재론적으로만 가능할 것이다. 왜냐하면 필연적으로 그렇게 생각할 수밖에 없고 달리 생각할 수 없는 것을 필연적으로 그렇게 존재할 수밖에 없고 달리 존재할 수 없는 것과 동일시하는 것은 불가능하기 때문이다.[90] 사유논리적으로는 당위와 존재는 마치 기찻길과 같이 영원히 평행선을 이루는 것이며, 결코 가교적 접합점을 찾을 수 없다. 그럼에도 불구하고 라드브루흐는 사물의 본성이 존재와 당위를 연결시키는 가교를 놓는 데 이바지한다고 하는데, 그것은 어떻게 가능한가?

라드브루흐는 이것을 이념의 소재규정성(Stoffbestimmtheit der Idee)으로 설명하고자 한다. 라드브루흐의 사물의 본성론에서 사물은 법의 소재, 즉 법형성의 대상으로서의 재료 또는 소재를 말한다. 그리고 이러한 법의 소재는 인간의 공동생활, 즉 사회 내의 생활관계로 파악된다. 그리고 본성은 어떤 순수한 이념적인 것, 즉 법이념을 뜻한다. 그래서 그는 사물의 본성을 정의하여, 법이념에 관계된 생활관계의 의미라고 말하고 있다.[91]

법이념으로서의 당위가 법소재로서의 존재에 어떠한 방식으로 연결되고 있는가? 라드브루흐에 의하면, 모든 당위는 일정한 소재에로 향하여, 또한 동시에 이러한 소재를 통하여 규정되어 있다고 한다. 모든 당위의 효력은 에밀 라스크의 말에 따르면 일정한 소재에로 향

---

90) W. Maihofer, Die Natur der Sache, S. 60 ff.; 심재우, 사물의 본성과 구체적 자연법, 35면.
91) G. Radbruch, Die Natur der Sache als juristische Denkform, S. 15.

하여 효력을 갖는다. 예술가의 이념은 그것이 대리석에서 실현되어야 하는가, 아니면 청동에서 실현되어야 하는가에 따라 서로 다르다. 이념과 소재의 이와 같은 관계를 라드브루흐는 이념의 소재규정성이라고 부른다. 이와 같이 법이념들도 법소재를 향하여 그리고 법소재를 통하여 규정되고 있다.

이와 같이 사물의 본성을 이념의 소재규정성으로 설명하는 라드브루흐의 견해에 대하여는 다음과 같은 비판이 가해질 수 있다. 라드브루흐는 사물에 내재하는 질서, 즉 존재 가운데 내재하고 있는 당위를 존재 자체에서 끄집어내지 않고 당위를 존재 속으로 강제로 집어넣고 있다. 다시 말해 그에게서는 소재가 이념을 규정하고 있는 것이 아니라, 거꾸로 이념이 소재를 규정하고 있다. 이것이 의미하는 바는 사물의 본성 사고와는 정반대의 것이 된다.[92]

라드브루흐에 의하면 이념은 소재에로 향하여 규정함과 동시에 또한 소재를 통하여 함께 규정된다고 말함으로써 마치 이념만 소재를 규정하는 것이 아니라 소재도 이념을 규정하는 듯 보이지만, 이념의 소재에로 향한 규정은 능동적이지만 소재의 이념에로 향한 규정은 다만 소재를 통하여 그 이념을 받아들이느냐 아니면 거부하느냐 하는 수용성과 거부성을 수동적으로 선택하는 데 지나지 않기 때문에 사실은 그렇지 못하다는 것이다. 미켈란젤로가 이념 속의 다비드 상을 청동에 집어넣으면 소재는 이를 거부하고 대리석에 집어넣으면 이를 수용하는 것처럼, 소재는 이념적합성 여부를 선택하는 단순한 대상에 지나지 않는다.

---

92) 심재우, 사물의 본성과 구체적 자연법, 36면.

　　소재가 이념을 거부할 때에는 소재와 이념 사이의 가교는 연결되지 않으며, 그 반대로 소재가 이념을 수용할 때에는 양자 사이의 가교는 연결되지만, 이때 이념은 그 다리를 통하여 소재의 영역 속으로 침범하여 들어가서 소재를 이념화해 버린다. 따라서 라드브루흐가 그토록 집중한 사물의 본성에 관한 연구도 존재에 내재하는 당위를 존재 자체에서 찾아낼 수는 없었고, 다만 당위로부터 존재에 이르는 가교를 통하여 존재의 집에 들어가 존재를 당위화하는 데 머물러 있다. 따라서 그가 존재에서 실현된 당위를 찾는 것이 사물의 본성이라고 정당하게 말하고 있기는 하지만, 그가 실제로 찾아낸 것은 거꾸로 당위에서 실현된 존재에 지나지 않는다고 할 것이다.[93]

　　다른 한편 라드브루흐는 법소재인 생활관계를 아무런 생명도, 가치도, 의미도 없는 대리석이나 청동덩어리에 비유하여 말하고 있는데, 그러나 인간의 생활관계는 인간의 사회적 실존의 모습이며, 그 자체 무의미하고, 무가치한 어떤 생명없는 바위덩어리와 같은 물질주의적 법소재가 아니며, 따라서 밖에서 의미, 가치, 이념 등을 그 소재 안으로 집어넣음으로써 비로소 형태를 갖추게 되는 원자재와 같은 것이 아니다. 그러한 자연적 소재와는 달리 법소재로서의 생활관계는 인간의 사회적 실존의 존재론적 구조와 형태를 이미 가지고 있으며, 따라서 거기에는 이미 그 자체 내에 의미와 가치, 그리고 당위를 지니고 있는 것이다.

　　이와 같이 생활관계에 내재하고 있는 존재론적 구조와 의미가 바로 사물에 내재하는 질서에 해당하는 것이다. 따라서 사물의 본성은 라드

---

93) 심재우, 사물의 본성과 구체적 자연법, 37면.

브루흐가 말하고 있는 법이념에 관계된 생활관계의 의미에 그치는 것이 아니라, 오히려 법존재에 내재하는 생활관계의 의미로 파악되어야할 것이다. 이와 같이 법존재에 내재하는 생활관계의 의미로 파악되는 사물의 본성은 법이론적으로 어떠한 의미를 가지고 있는가?

1. 사물의 본성과 법의 존재론적 구조

법철학이란 법을 철학적으로 탐구하는 것이라 할 수 있다. 법을 철학적으로 탐구한다는 것은 구체적인 법현실관계 속에서 정당한 질서를 발견하려고 하는 노력이라고 할 수 있다. 즉 법을 탐구한다는 것은 바로 정당한 질서의 탐구와 같은 것이다. 이러한 의미에서 법철학의 역사는 정법의 역사와 그 궤를 같이하고 있다고 할 수 있다.[94] 그러면 이러한 정법의 요구를 충족시켜 주는 것은 무엇인가?

이 문제는 법의 내용을 규정하는 여러 요소들이 무엇인지, 즉 정당

---

94) 현대 법철학에서 정법이라는 말을 공식적으로 쓰게 된 것은 슈탐믈러에게서부터라고 할 수 있다. 그는 그의 유명한 정법론에서 정당한 법 (richtiges Recht)이란 특별한 성질을 가진 제정법, 다시 말해 그 의사내용이 정당성이라는 속성을 지닌 실정법이라고 한다. R. Stammler, Die Lehre von dem richtigen Rechte, S. 52. 슈탐믈러가 말하는 정법이란 곧 모든 실정법에 대하여 그 정당성을 묻고 또 판단할 수 있는 기준이라고 할 수 있다. 오늘날 다시 정법론을 쓴 라렌츠도 법의 정당성에 대한 물음은 그 규범적 효력요청이 내적으로 근거지워져 있고 실질적으로 정당화되어 있는가에 대한 물음과 그 의미가 같다고 말하고 있다. K. Larenz, Richtiges Recht, S. 12.

한 법형성과 법적용의 구성적 요소로서 작용하고 있는 것들이 무엇인지 밝혀질 때 비로소 해결될 수 있을 것이다. 학자들은 일반적으로 그러한 법내용의 구성적 요소들은 크게 법의 현실적 요소와 법의 이념적 요소로 나누고 이에 모순되거나 혹은 어느 한 요소에만 근거한 법형성 또는 법발견은 결코 정당한 법일 수 없다고 한다. 따라서 법의 현실적 요소와 이념적 요소 모두에 근거할 때 비로소 법의 정당성이 보장되는 것이라고 할 수 있다.[95]

이러한 법의 현실적 요소와 법의 이념적 요소는 바로 법문제에 있어서 본질적인 토대를 이루고 있다고 할 수 있다. 즉 법이란 실제의 현실에서 발생한 문제에 대하여 정당한 합리적 해결을 그 과제로 하고 있기 때문에, 법이란 항상 이러한 현실적 요소와 이념적 요소라고 하는 두 개의 양극적인 요소를 그 자체 속에서 해결하여야만 하는 것이다. 이러한 법에 있어서의 본질적인 구조에 대하여 카우프만은 법이라는 특수한 존재자의 존재론적 구조를 법본질과 법실존이라고 하는 양극적인 구조로서 설명하면서 그의 법존재론을 전개하고 있다.[96]

카우프만은 법을 그 자체 독립된 하나의 실체로서 파악하고 있다. 그리고 모든 실체가 본질과 실존이라고 하는 이원적 구조를 가지고 있는 것처럼, 법도 마찬가지로 법본질과 법실존이라고 하는 이원적 구조를 가지고 있다고 한다.[97] 카우프만에 있어서 법본질은 구체적인 법내

---

95) 심헌섭, 법철학, 129면.

96) A. Kaufmann, Die ontologische Sturktur des Rechts, in: ders. (Hrsg.), Die ontologische Begründung des Rechts, S. 470 ff.

97) A. Kaufmann, Die ontologische Sturktur des Rechts, S. 479 ff.

용의 형식존재론적인 정당성 혹은 자연법성을 의미하며, 법실존은 실정성을 의미한다. 따라서 법이라고 하는 실체는 법본질인 자연법성과 법실존인 실정성을 그 양극적인 존재론적 구조로서 가진다고 한다.[98]

그것은 마치 정신과 육체의 관계처럼 존재론적으로 서로 일치할 수는 없지만 구체적으로는 하나인 것과 마찬가지로, 이 양자는 결코 동일하지도 않으며 또한 서로 분리될 수도 없다는 것을 뜻한다.[99] 그리고 그는 이러한 법본질성의 현존성이라는 법의 존재론적인 양극성 때문에 법은 이미 그 자체 정당한 법을 의미할 뿐만 아니라 객관적인 법을 뜻하는 것이라고 한다.[100]

카우프만은 이러한 법의 존재론적인 양극적 구조에 입각하여 종래의 추상적 자연법론과 형식적 법실증주의에 대하여 비판을 가하고 있다. 그에 의하면 법실존을 가지지 못한 초법률적 법과 법본질을 가지지 못한 법률적 불법은 법의 존재론적인 양극적 구조를 무시한 것으로서 법으로서 존재할 수 없는 것으로 파악된다.[101] 추상적 자연법론에서는 법본질이 법실존을 삼켜버리고 있다는 점에서, 그리고 형식

---

98) A. Kaufmann, Die ontologische Sturktur des Rechts, S. 483.

99) A. Kaufmann, Die ontologische Sturktur des Rechts, S. 484 ff.

100) A. Kaufmann, Die ontologische Sturktur des Rechts, S. 500. 카우프만은 이러한 법의 존재론적인 양극성은 존재자의 존재 자체에 근거한 존재론적인 차이를 의미하기 때문에 이는 결코 일치될 수는 없는 것이지만, 이 양자를 일치시키기 위해 노력하는 가운데 영원히 생성하고 발전하는 구체적이고 역사적인 법 또는 시대에 적합한 법이 나타나는 것이라고 한다.

101) 법률적 불법과 초법률적 법에 대하여는 라드브루흐, 최종고 역, 법철학, 285면 이하 참조.

적 법실증주의에서는 법실존이 법본질을 삼켜버리고 있다는 점에서 양자는 모두 법의 존재론적인 구조를 무시하고 있다는 것이다.[102]

이러한 카우프만의 법본질과 법실존이라고 하는 법의 존재론적 구조에 입각한 추상적 자연법론과 형식적 법실증주의에 대한 비판은 우리에게 많은 것을 시사해주고 있다. 그럼에도 불구하고 이와 같이 법의 존재론적 구조를 모든 실체의 존재론적 구조와 마찬가지로 법본질과 법실존으로 나누고, 이 둘의 관계 속에서 종래의 자연법론과 법실증주의를 비판하고 있는 것은 지나치게 도식적인 데다가 또한 형이상학적 관념론의 색채가 강하게 풍기고 있음을 지적하지 않을 수 없다.

우리는 법의 존재론적 구조를 이와 같이 법본질과 법실존, 즉 자연법성과 실정성이라고 하는 추상적인 양극적 구조 속에서 관념적으로 논의할 성질의 것이 아니라고 본다. 오히려 법문제는 구체적 현실관계 속에서 그 정당성을 확보하여야 한다는 소박한 출발점에서부터 시작하여, 법의 존재론적 구조는 법의 현실적 요소와 법의 이념적 요소, 즉 법소재와 법이념이라는 양자로서 충분하다고 파악하며, 또한 이러한 법의 현실적 요소와 법의 이념적 요소를 모두 고찰하는 법사고만이 법의 존재론적 구조에 충실한 정법론으로서 논의될 수 있다고 본다. 따라서 어느 하나의 법의 요소에만 의존하거나 다른 요소를 무시하는 법고찰은 이미 정당한 법고찰로 받아들일 수 없게 된다.

이와 같이 본다면 종래의 법사고의 핵심을 이루는 추상적 자연법론과 형식적 법실증주의는 법의 존재론적 구조 중에서 법의 현실적

---

102) A. Kaufmann, Die ontologische Sturktur des Rechts, S. 474-475.

요소를 무시하고 있다는 공통적인 오류를 범하고 있는 것으로 파악
된다.[103] 즉 양자는 모두 구체적 현실관계라고 하는 법의 현실적 요
소를 무시하는 공통의 오류 위에서, 각각 추상적인 법이념과 형식적
인 법률에만 몰두하여 그 합리적인 법체계를 구축하고자 하는 일면
적인 법사고에 지나지 않는 것으로 그 실체가 드러나게 된다. 법은
구체적 현실관계를 반드시 고려하여야 한다는 이 단순한 사실을 추
상적 자연법론과 형식적 법실증주의는 무시하고 있는 것이다.

그와는 달리 구체적 현실관계에서 객관적 법규범을, 법의 현실적
요소에서 법의 이념적 요소를, 달리 말해 사물에서 본성을 도출해내
고자 하는 사물의 본성론에서 그러한 일면적인 법사고가 발견되지
않는다. 우리가 앞에서 살펴본 바와 같이 사물의 본성론은 구체적 법
적 규율의 대상에 즉응하여 그 정당성을 구하고자 하는 법사유, 즉
구체적 법현실 속에서 객관적 법이념을 도출해내고자 하는 법사유로
고찰되기 때문이다. 그것은 추상적 자연법론과 형식적 법실증주의와

---

103) 추상적 자연법론자들은 형식적 법실증주의자들과 같은 길위에 서 있게
    된다. 명백한 대립자로서 이해되고 있는 추상적 자연법론자들과 형식
    적 법실증주의자들이 보이고 있는 이러한 의외의 유사성은 실로 놀랄
    만한 일이다. 이들이 보이는 내적인 유사성의 원인은 다음과 같은 것
    에 있다. 이 둘은 완전히 타당한 정확한 현실인식에 대한 완결된 체계
    를 순수하게 합리적인 방식으로 획득할 수 있다고 하는 합리주의적 철
    학의 체계적 사고를 공통분모로 하고 있다. 이리하여 18세기말부터 19
    세기초에 걸쳐 행해진 자연법의 법전화의 움직임은 모든 법관계의 규
    제를 합리적으로 완결하려는 욕구를 가지고 나타난 것으로 보인다. 19
    세기의 법실증주의는 이러한 합리주의적 자연법의 유산을 아무 주저
    없이 받아들이고 있는 것으로 평가할 수 있을 것이다.

같이 일면적인 법사유가 아니라 오히려 법의 이념적 요소를 법의 현실적 요소와의 관련 속에서 찾고자 하는 총체적 법사유인 것이다. 사물의 본성론은 추상적 자연법론과 형식적 법실증주의의 오류를 구체적 현실관계 속에서 극복하고자 한다. 즉 그것은 추상적 자연법론의 공허성을 현실 속에서, 형식적 법실증주의의 맹목성을 현실 속의 가치에서 보충하고자 하는 것이다. 결국 사물의 본성론은 구체적 법현실 속에서 법을 실현하고자 하는 노력이라고 할 수 있다.

지금까지의 설명을 간단하게 요약하면 다음과 같다: 요컨대 사물의 본성론은 종래의 법사유의 핵심을 이루는 추상적 자연법론과 법실증주의가 구체적인 법현실관계를 무시하고 있다는 법철학적 통찰을 통하여, 정당한 법의 도출을 추상적인 법이념이나 형식적인 법률로부터가 아니라 구체적인 현실관계로부터 도출하고자 하는 법사유이다. 그것은 곧 구체적이고 총체적인 법사유로서 파악되며, 추상적 자연법론과 형식적 법실증주의처럼 법의 존재론적 구조를 무시하는 것이 아니라, 오히려 법의 존재론적 구조에 충실하여 구체적 현실관계로부터 객관적 법규범을 도출해내고자 하는 것임을 알 수 있다. 그것은 법의 존재론적 구조에 대한 총체적인 법고찰이며, 이러한 사물의 본성론의 입장에서 바라볼 때 종래의 법사유는 법의 존재론적 구조를 총체적으로 파악하지 못하는 문제점을 안고 있음을 분명히 알 수 있다.

2. 사물의 본성과 존재와 당위의 관계

우리는 앞에서 추상적 자연법론과 형식적 법실증주의는 법의 존재론적 구조를 무시하고 있으며, 구체적 법현실관계를 파악하지 못하는 공통의 오류를 범하고 있음을 살펴보았다. 추상적 자연법론과 형식적 법실증주의가 이러한 구체적 법현실관계를 무시하게 되는 그 이론적 기초는 어디에 있는가?

우리는 존재와 당위를 엄격하게 구별하는 존재와 당위의 이원론에서 그 이론적 기초를 찾을 수 있으리라고 생각한다.104) 그것은 추상적 자연법론과 형식적 법실증주의 양자 모두가 존재와 당위를 엄격하게 구별하는 이론적 기초 위에서, 존재와 당위를 총체적으로 고찰하는 것이 아니라, 특히 존재에 대한 고찰은 행하지 않고 당위에 대한 고찰만을 그 법철학적 고찰의 대상으로 삼고 있기 때문이다.105)

---

104) 자세한 것은 카우프만 / 하쎄머, 심헌섭 역, 현대 법철학의 근본문제, 45-47면 참조.

105) 법실증주의가 실증주의라는 이름에 걸맞지 않게 존재라는 영역을 무시하고 당위라는 영역에 관심을 가진다는 것은 이론적으로 볼 때 매우 흥미로운 일이 아닐 수 없다. 일반적으로 실증주의적 경향은 형이상학을 배척하고 경험과학적 방법인 관찰과 실험을 사용하여 구체적 사실의 현상을 이해하려는 정신적 경향이라고 할 수 있을 것이다. 그러나 이러한 실증주의와 여기에서 고찰되는 형식적 법실증주의는 여러 가지 점에서 그 성격을 달리하고 있음을 우리는 알 수 있다. 보통 실증주의는 역사적 조건에 기초하여 사실적이고 역사적인 자료들을 일반화하는데 반하여, 형식적 법실증주의는 반역사적 성격을 가지는 형식주의에 연결되고 있다. 다시 말해 형식적 법실증주의는 실증주의라는 표현을 사용하고는 있지만, 구체적인 인간의 행위를 다루는 것이 아니라, 법률규범의 형식적 존재를 그 대상으로 삼고 있기 때문이다. 결국 그것은 법률이라고 하는 형식의 당위를 다루는 것이 된다. 물론 법실증주의에도 실제로 사회학적인 바탕 위에서 진정한 실증주의를 추구하는 입장이 있다. 그러나 이러한 경험적 실증주의와 여기에서 문제삼

추상적 자연법론과 형식적 법실증주의는 완결된 법체계를 순수하게 합리적인 방법으로 구축할 수 있다고 하는 합리주의적 철학의 체계적 사고를 공통으로 하고 있으며, 각각 법이념과 법률이라고 하는 추상적 당위와 형식적 장위에 매몰함으로써 법적 사유에 있어서 일면적인 모습을 낳게 된다고 하는 점을 우리는 이미 살펴보았다. 이때 자연법론의 논의에 있어서는 그것이 법이념에 대한 탐구라고 하는 나름대로의 법철학적 의미를 가지는 것이 가능하지만, 법실증주의의 논의에 있어서는 법률이 모든 것이라고 하는 법률지상주의로 연결되는 문제가 생긴다.

이러한 법률지상주의는 제정된 법률은 그것이 설령 악법일지라도 지켜져야만 한다고 함으로써 이론과 실제에 있어서 많은 문제점을 가져오게 되고, 그리고 급기야 독일의 역사 속에서 나치 시대의 극단적인 불법경험이라고 하는 구체적인 현실로 나타나게 되었다. 법률지상주의의 모습으로 나타난 형식적 법실증주의는 전후의 독일 법학계에서 무엇보다 시급히 극복해야 할 과제로 등장하였다. 사물의 본성론이 현대 법철학에서 가지는 의미도 바로 이러한 형식적 법실증주의의 이론적 기초를 이루고 있는 존재와 당위의 이원론의 극복에 있다고 할 수 있다. 먼저 존재와 당위 이원론이 이론적으로 어떠한 문제점을 안고 있는지 살펴보고, 또 이러한 문제점을 어떻게 극복할 수 있는지 살펴보기로 하겠다.

존재와 당위를 엄격하게 구별하는 것은 칸트에게서 비롯된다고 할 수 있다.[106] 칸트에 의하면, 순수이성은 그 자체 실천적이며, 우리가

고 있는 형식적 법실증주의와는 같은 것으로 파악할 수 없다.

도덕법이라고 부르는 보편적인 법칙을 준다고 한다.[107] 그것은 또한 객관적인 자유의 법칙을 주며, 그리고 그것은 비록 실제로 일어나지 않는다고 해도 일어나야만 할 것을 말해주며, 또 그 점에서 일어나고 있는 것만을 문제삼고 있는 자연법칙과는 구별된다고 한다.[108] 따라서 칸트에 있어서의 도덕법칙은 그것이 실현되든 안 되든, 존재에 이르든 이르지 않든 관계없이 당위로서 존속하는 것이다. 이러한 칸트의 사고가 법학의 영역에 있어서는 존재와 당위의 이원론으로 전개된다.

법학의 영역에서 존재와 당위의 이원론적 사고는 켈젠에게서 가장 극단적으로 표현되고 있다. 켈젠은 당위가 존재에 관계할 수는 있을지라도, 존재에서 당위를 이끌어낼 수 없다는 명제, 즉 존재와 당위의 엄격한 이원론을 그 방법론적 기초로 삼고 있다. 그는 존재와 당위의 구별은 우리의 의식에 직접적으로 주어져 있으며, 어떤 것이 존재한다는 언명은 어떤 것이 존재해야만 한다는 언명과는 본질적으로 상이하다는 것을 주장한다. 어떤 것이 존재한다는 것에서 어떤 것이 존재해야 한다는 것이 추론될 수 없는 것은 마치 어떤 것이 존재해야만 한다는 것에서 어떤 것이 존재한다는 것이 추론될 수 없는 것과 마찬가지라고 한다.[109]

---

106) 라드브루흐, 엄민영 / 서돈각 역, 법철학입문, 45면 참조.
107) I. Kant, Kritik der praktischen Vernunft, Philosophische Bibliothek, Bd. 38, S. 37.
108) I. Kant, Kritik der reinen Vernunft, Philosophische Bibliothek, Bd. 37a, S. 726.
109) H. Kelsen, Reine Rechtslehre, S. 5.

그는 다음과 같이 말한다: "존재와 당위의 상호 독립은 존재와 당위 사이의 상관관계가 있다고 해서 파괴될 수는 없다. 존재와 당위의 대립은 형식적이고 논리적이며, 그리고 형식적이고 논리적인 고찰의 한계에 머무르는 한, 이 쪽에서 저 쪽으로 통하는 길은 없으며, 두 세계는 하나의 가교불능의 균열로 분리된 채 서로 대립하고 있다. 마치 하나의 존재의 근거에 대한 질문이 오직 하나의 존재에서 답을 얻듯이, 하나의 구체적인 당위의 근거에 대한 질문은 항상 논리적으로 다른 하나의 당위에로만 귀착한다."110)

이러한 켈젠의 사고는 법실증주의의 이론적 기초를 이룬다. 그리고 그것은 급기야 법률은 법률이라고 하는 도그마로 전락하여 법률지상주의를 낳는 데 일조를 하게 된다. 물론 켈젠이 말하고 있는 것처럼 존재와 당위가 논리적으로 구분된다고 하는 점은 부인할 수 없는 일이다. 존재와 당위의 개념은 서로 같을 수가 없다. 그것은 엄연히 구별되는 개념이라고 하는 사실은 명백하다. 그러나 우리가 문제삼고자 하는 것은 당위가 당위에서 도출되는 것이라고 한다면, 맨 처음의 근본적인 당위는 도대체 어디에서 도출되는가 하는 점이다.111)

만약 그 근본적인 당위가 스스로 존재하는 어떤 것이라는 억지를 부리지만 않는다면, 그것은 결국 존재사실과 관련을 맺지 않을 수 없을 것이다. 따라서 켈젠에게 있어서도 항상 마지막 말은 존재와 당위

---

110) H. Kelsen, Reine Rechtslehre, S. 8.
111) 이러한 근본적인 당위에 속하는 것으로는 황금률, 정언명령 등을 들 수 있을 것이다. 자세한 것은 W. Maihofer, Die Natur der Sache, S. 78-79.

의 엄격한 구별은 논리적이고 형식적인 관계이며, 실제로 이러한 존재와 당위는 서로 밀접한 상호관계에 놓여 있는 것이라고 한다. 바로 이러한 존재와 당위의 밀접한 상호관계 위에서 존재와 당위의 올바른 관계가 다시금 논의될 수 있는 가능성이 주어진다.

이러한 존재와 당위의 관계에서 우리가 잊어서는 안 될 것이 하나 있다. 본래 존재와 당위의 구분이라는 문제는 자연과학과 문화과학의 구분의 표지로서의 의미를 가지고 등장한 것이며, 따라서 이러한 의미를 넘어서 당위에서만 당위를 도출할 수 있다든가 법률은 법률이라고 하는 극단적인 방법론으로서 존재와 당위의 구별이 쓰일 것은 아니라는 점이다. 칸트가 본래 의도하고 있었던 것은 자연법칙과 구분되는 도덕법칙이 존속한다는 의미로서 존재와 당위를 구분하고 있는 것이기 때문에, 이를 지나치게 방법론적으로 극단화하는 것은 그다지 옳은 일이라고 할 수는 없는 것이다.

사물의 본성론은 종래의 법사유가 지나치게 존재와 당위를 엄격하게 구분함으로써 잘못된 방향으로 흘러가버린 것을 지적하고, 이와는 달리 존재와 당위의 관계를 완화하는 방향에서 그 논의를 전개해나가고 있다. 이것은 곧 존재에 대한 새로운 이해를 이론적 기초로 삼고, 당위를 존재 속에서 고찰하고자 함으로써 새로운 법적 사고를 가능케 하고자 시도한다. 사물의 본성론은 존재와 당위는 어떤 형태로든 이미 항상 서로 관련되어 있으며, 사실은 가치와 떨어질 수 없게끔 규정되어 있으며, 또 규범이나 가치는 사실을 바탕으로 해서 구성되며, 당위원리는 사실로부터 자유로운 영역에서가 아니라 구체적인 개별적 및 사회적 영역 내에서만 존재할 수 있다는 것을 그 이론적 기초로 하고 있다.

켈젠과 마찬가지로 라드브루흐에 있어서도 그 방법론적 기초는 존재와 당위의 이원론에 놓여 있다. 그는 현실에서 가치를 이끌어낼 수 없다는 것은 논리적 관계를 말하는 것이지 어떤 인과적 관계를 말하는 것은 아니라고 한다.112) 즉 방법이원론은 평가나 판단들이 존재사실에 의해 영향을 받지 않는다고 주장하는 것은 아니라고 분명하게 말하고 있다. 문제가 되는 것은 바로 존재사실과 가치판단 사이의 인과적 관계가 아니라, 존재와 가치 사이의 논리적 관계라고 그는 말한다. 그리고 이것은 평가가 존재사실에 의해 야기되지 않는다는 것이 아니라, 평가는 존재사실에 의해 근거지워지지 않는다는 것을 뜻한다고 말하고 있다.113)

이와 같이 인과적 관계가 문제인 것이 아니라 논리적 관계가 문제라고 하는 라드브루흐와는 달리, 우리에게 문제가 되는 것은 오히려 거꾸로 존재와 당위가 논리적으로 구별된다고 하는 문제보다 이것이 인과적으로 관련을 가지고 있다는 데에 있다. 즉 우리에게 있어서는 논리적 관계보다 그 인과적 관계가 더 문제되고 있는 것이다.

사실 이러한 인과적 관계에 대한 이론적 관심은 라드브루흐에게서도 그 발단이 나타나고 있는 것으로 보인다. 라드브루흐는 이념의 소재규정성에 대한 설명에서 모든 가치이념은 특정한 소재에 향하여 그리고 동시에 그 소재에 의하여 규정된다고 말하고 있다.114) 예컨대

---

112) 라드브루흐, 최종고 역, 법철학, 38면.
113) 라드브루흐, 최종고 역, 법철학, 39면.
114) 이념의 소재규정성에 대하여는 라드브루흐, 최종고 역, 법철학, 37면; 라드브루흐, 엄민영 / 서돈각 역, 법철학입문, 52면; G. Radbruch, Rechtsidee und Rechtsstoff, in: A. Kaufmann (Hrsg.), Die ontologische Begründung

정의의 이념은 공동생활과 관련하여 본질적으로 공동생활에 향해진 규정임을 명백하게 표현하고 있다. 자기의 작품에 관한 예술가의 이념은 그가 그 이념을 성취하고자 하는 소재에 의하여, 즉 그것이 대리석이든 아니면 청동이든 그 소재에 의하여 결정되는 것처럼, 모든 가치이념은 특정한 소재에 의하여 규정되어 있다.115) 특히 법이념은 본질적으로 법소재에 의하여, 각 시대에 의하여 혹은 특수한 민족정신에 의하여, 간단히 말하면 사물의 본성에 의하여 규정되어 있다고 한다.116)

그러나 이와 같이 이념이 그 형태를 주지 않을 수 없는 소재 속에서 이념을 내다보는 것은 직관의 우연이지 인식의 방법은 아니라고 라드브루흐는 말하고 있다.117) 즉 방법적 인식에 있어서 당위명제는 다른 당위명제에서만 연역적으로 이끌어낼 수 있고 존재사실을 기초로 하여 귀납적으로 정립할 수는 없다는 점은 변할 수 없다고 말한다.118) 따라서 사물의 본성은 가치와 현실, 당위와 존재 사이의 준엄

---

des Rechts, S. 5 ff. 참조.

115) 라드브루흐, 엄민영 / 서돈각 역, 법철학입문, 51면.

116) 라드브루흐, 엄민영 / 서돈각 역, 법철학입문, 52면.

117) 라드브루흐, 최종고 역, 법철학, 38면. 그러나 라드브루흐는 전후 사물의 본성에 관한 논문에서 사물의 본성은 엄격히 합리적인 방법의 결과라고 말하고 있다. 자세한 것은 G. Radbruch, Die Natur der Sache als juristische Denkform, S. 14 ff. 참조.

118) 라드브루흐, 최종고 역, 법철학, 38면. 따라서 라드브루흐의 법철학에 있어서 방법론적 삼원론의 가능성은 이원론 안에서의 이론적 가능성이라고 할 수 있을 것이다. 라드브루흐의 방법삼원론에 대하여는 J. Kim, Methodentrialismus und Natur der Sache im Denken G. Radbruchs, S.

한 이원적 대립을 어느 정도 완화하는 역할을 하지만, 그것을 지양하는 역할을 하지는 못하고 있다.[119] 이렇게 본다면 라드브루흐의 법사상에서는 아직 존재와 당위의 이원론이 극복되지 못하고 있음을 알 수 있다.

라드브루흐의 제자인 카우프만은 조금 더 나아간 이론적 입장을 취하고 있는 것으로 보인다. 카우프만에 따르면 사물의 본성은 가치와 당위의 원리를 이미 현실과의 관련 속에서 파악하려고 하고 또 현실을 이미 가치규정적인 것으로 구성하려는 시도로 이해되고 있다. 사물의 본성 개념은 확실히 존재와 당위 사이의 이원론을 극복하기 위한 여러 가지의 시도에 대한 총합개념으로 이해할 수 있다고 한다.[120] 카우프만에 있어서 사물의 본성론은 법인식론의 입장에서 존재와 당위가 만나는 장소, 현실과 가치가 결합하고 일치하는 방법적 지점으로서 고찰된다.[121] 그러나 그는 존재와 당위의 이와 같은 동화와 상응화는 결코 이 양자의 상위를 극복하는 것은 아니라고 말하고 있다.[122]

카우프만의 사물의 본성론에 있어서 존재와 당위는 사물의 본성이라고 하는 법사고 속에서 변증법적으로 고찰되고 있는 것이다. 양자의 관계는 존재론적 차이를 가지는 것으로서 다만 사물의 본성이라고 하는 변증법적인 사유 속에서 복합적으로 고찰되고 있는 것이다.

---

48 ff.

119) 라드브루흐, 엄민영 / 서돈각 역, 법철학입문, 52면.
120) A. Kaufmann, Analogie und Natur der Sache, S. 308.
121) 카우프만 / 하쎄머, 심헌섭 역, 현대 법철학의 근본문제, 51면.
122) A. Kaufmann, Analogie und Natur der Sache, S. 288 ff.

다시 말해 카우프만에 있어서 존재와 당위 이원론은 사물의 본성이라고 하는 법사유속에서는 이것이 극복되고는 있지만, 이러한 변증법적인 법사유를 떠나서 존재와 당위는 이미 존재론적으로 차별성을 지니고 있는 것으로 파악되고 양자의 관계에 대한 논의는 더 이상 발견되지 않는다.

앞에서 살펴본 바와 같이 아직 라드브루흐와 카우프만의 사물의 본성에 대한 논의에 있어서 존재와 당위 이원론의 극복은 크게 주목할만한 내용을 찾기 어려운 실정이다. 이와 같이 라드브루흐와 카우프만에 있어서 존재와 당위가 서로 매우 밀접하게 관련을 가지는 것으로 파악되지 못하고 있는 까닭은 무엇인가?

그것은 아마도 그들이 법에 있어서의 존재 개념을 여전히 자연주의적으로 파악하고 있는 데 있다고 할 수 있다. 존재의 개념이 이와 같이 자연주의적 의미에 여전히 머물러 있다고 한다면 그러한 존재의 개념 속에서 아무리 당위의 개념을 찾고자 노력하더라도 그것은 가능할 수가 없을 것이기 때문이다. 그것이 가능하고 또 존재와 당위 이원론에 대한 극복이 가능하기 위해서는 존재 개념에 대한 새로운 이해로부터 출발하지 않으면 안 된다.

법학의 영역에서 논의하는 존재의 개념은 가치가 전적으로 배제된 개념으로서가 아니라, 가치관련적 의미의 존재 개념으로서 고찰된다고 할 수 있을 것이다.[123] 이러한 존재에 대한 새로운 이해를 이론적

---

123) 이러한 법에 있어서의 존재 개념에 대한 새로운 이해는 법존재론의 성과에 크게 힘입고 있다고 할 수 있다. 법존재론에 대하여 자세한 것은 Y. Seo, Rechtsontologie und Hegels Rechtsbegriff. Zur Rekonstruktion

기초로 하여 존재와 당위 이원론을 극복하고자 하는 시도는 마이호퍼의 사물의 본성론에 잘 나타나 있다.

마이호퍼에 있어서 법적 규율의 대상이 되는 중심적 생활사태는 문화적 사태로서 고찰된다. 이러한 문화적 사태와 인간의 존재양식에서 파악되는 '로서의 존재'와 사회적인 '로서의 존재' 상호간의 사물 법칙적 구조로부터 존재와 당위의 관계에 대한 논의가 잘 나타나고 있다.

'로서의 존재'는 그 사회적 생활역할과 상태에 있어서 먼저 서로 지시하고 상응하는 존재구조(Seinsstruktur: Verweisung und Entsprechung)를 보이고 있다.124) 그리고 '로서의 존재'는 그 사회적 역할과 상태에 있어서 평등관계 또는 상하관계에서 서로 관련을 맺고 이러한 관련상태 속에서 서로에 대한 의미가 성장하게 되는 의미구조(Sinnstruktur: Bewandtnis und Bedeutung)를 보인다.125) 또한 이러한 의미는 서로가 서로에 대해 일정한 기대를 성립시키고 또 이 기대는 타인의 자연적 또는 이성적 이익의 존재론적 근거가 되며, 따라서 서로의 행위가 서로에 대해 가치성을 가지게 되는 가치구조(Wertstruktur: Ewartung und Interesse)를 이루게 된다.126) 이러한 사회적 역할과 상태에서 나오는 서로에 대한 기대는 황금률이나 정언명령 등의 질서의 근본규율이며 인간 상호간의 보편적인 행위법칙을 바탕으로 자연히 요구 또는 요청

---

der Rechtsontologie im Hegels Rechtsverständnis als Anerkennung 참조.
124) W. Maihofer, Die Natur der Sache, S. 72 ff.
125) W. Maihofer, Die Natur der Sache, S. 74 ff.
126) W. Maihofer, Die Natur der Sache, S. 75 ff.

으로 상승하게 되고, 이것은 타자에 대해서는 의무로 나타나게 되는 당위구조(Sollensstruktur: Forderung und Pflicht)를 이루게 되는 존재론적 근거가 된다고 한다.127) 이와 같이 마이호퍼는 '로서의 존재'의 사회적 생활역할과 상태의 존재구조－의미구조－가치구조－당위구조를 통하여 존재와 당위 이원론을 극복하고 존재와 당위 사이의 가교를 연결하고자 시도하고 있다.

물론 이러한 마이호퍼의 입장에 대해서는 다양한 비판이 가해지고 있다. 마이호퍼가 말하고 있는 문화적 사태로서의 사회적 역할의 당위구조에 이르러서는 사물의 본성은 사물의 자연적 본성이 아니라, 그것은 벌써 非사물화 또는 이념화된 것으로 바뀌고 있다는 비판이 가능하다.128) 이러한 사물의 본성은 이미 원하는 결과를 먼저 숨겨두고 나중에 이를 끄집어내는 것과 다를 바 없다고 한다. 따라서 이러한 사물의 본성으로부터 당위명제를 이끌어내어도 그것은 존재에서 나온 것으로 볼 수 없고, 그것은 단지 의식적인 생략추론에 지나지 않는 것이다. 사회학자들이 하나의 사실로 파악하는 역할기대를 마이호퍼가 보편적 행위법칙으로 파악하는 것은, 그것이 이성적 지위, 즉 이성적인 교사, 이성적인 의사, 이성적인 상인을 토대로 했기 때문에 가능한 일이다. 이는 곧 사물의 본성에 평가가 숨겨져 있음을 의미한다. 존재에서 직접적으로 질서력을 가진 규범, 즉 법을 이끌어낸다는 것은 지나친 것이다.129)

---

127) W. Maihofer, Die Natur der Sache, S. 76 ff.
128) 심헌섭, 법철학 I, 223-224면.
129) 심헌섭, 법철학 I, 223-224면.

　　그러나 마이호퍼의 사물의 본성론에 대한 이러한 비판은 적절하지 못한 것으로 보인다. 그것은 비판의 대상으로 삼고 있는 사물의 본성이 법의 내용에 대해 아주 직접적으로 그 규준을 제시하는 규율대상의 자연적 속성과의 관계로서만 파악되고 있기 때문에,130) 이미 비판 대상의 선정을 그르치고 있는 것이라고 할 수 있다. 마이호퍼에 있어서 고찰되고 있는 사물의 본성을 그러한 소극적이고 자연주의적 의미의 사물의 본성이 아니라, 법학적 의미의 적극적 사물의 본성으로서 언급되고 있는 것이다. 따라서 문화적 사태로서의 사회적 역할의 당위구조에 이르러서는 사물의 본성은 사물의 자연적 본성이 아니라 벌써 이념화된 것이라고 하는 비판과 이러한 사물의 본성으로부터 당위명제를 이끌어내어도 그것은 존재에서 나온 것은 아니라고 하는 비판은 마이호퍼의 사물의 본성 개념과 존재 개념을 자연주의적으로만 이해한 데에서 비롯된 것이라고 할 수 있다. 그러나 자연주의적 개념 이해를 통해서는 구체적 자연법으로서의 사물의 본성론의 핵심을 파악하기란 요원한 일이다. 그러한 자연주의적 개념 이해는 앞에서 살펴본 바와 같이 법학의 영역에서 그다지 큰 의미를 가지지 못한다.

　　이와 같이 사물의 본성론은 종래의 법사유의 핵심을 이루는 추상적 자연법론과 형식적 법실증주의처럼 존재와 당위를 서로 논리적으로 무관한 것이라든가 별개의 것으로 일면적으로 고찰하는 것이 아니라, 양자를 서로 밀접한 관련 속에서 고찰하고자 하는 법사고임을 알 수 있다. 즉 사물의 본성론의 법리는 존재와 당위의 관계를 이원

---

130) 심헌섭, 법철학 I, 222면.

적으로 분리하여 양자를 고립시켜 놓은 상태에서 이들을 논리적으로 분석하는 것이 아니라, 오히려 존재와 당위를 밀접한 상관관계에 놓여 있는 것으로 파악하고 그 관계를 분석하고자 하는 총체적 법사고인 것이다. 그러한 종합적 법사고가 현대 법철학에서 중심적인 문제로 다루어지는 것은 당연한 일이라고 할 수 있다.

3. 사물의 본성과 구체적 자연법 그리고 실질적 정의

앞에서 살펴본 바와 같이 사물의 본성론은 법의 존재론적 구조를 무시하는 것이 아니라 오히려 그것에 충실하여 자신의 법리를 전개시켜 나가고 있는 법적 논의이며, 또한 존재와 당위의 관계에 대한 고찰에 있어서도 양자를 서로 별개의 것으로서 고찰하는 것이 아니라, 양자를 서로 밀접한 관련상태 속에서 고찰하고자 하는 구체적, 현실적, 총체적 법사고라 할 수 있다.

그렇다면 이와 같은 법의 존재론적 구조에 충실하고 그리고 존재와 당위를 총체적으로 고찰하고 있는 사물의 본성론은 현대 법철학에 있어서 어떠한 의미를 가지는 것인가? 그것은 곧 구체적 자연법론과 실질적 정의라는 의미를 가지는 것으로 파악할 수 있을 것이다.

사물의 본성론은 먼저 구체적 자연법으로서의 의미를 가지게 된다.[131] 현대 법철학에서 구체적 자연법론은 추상적 자연법론과는 달

---

131) W. Maihofer, Die Natur der Sache, S. 85-86.

리 법이념과 자연법의 원형을 구체적, 역사적, 사회적인 현실관계 속에서 찾고자 한다.132) 따라서 구체적인 현실관계 속에서 객관적 법규범을 도출하고자 노력하는 사물의 본성론은 구체적 자연법론의 내용을 이루는 것으로서 이해된다.

존재에서 도출된 당위, 구체적 현실관계 속에서 밝혀진 객관적 법규범, 그리고 법의 현실적 요소에서 밝혀진 법의 이념적 요소로서 논의되는 사물의 본성은 바로 다름아닌 구체적 자연법의 실질내용을 이루는 것으로 파악된다. 따라서 사물의 본성론은 구체적 자연법론과 더불어 현대적 법사고에서 중심적인 문제로서 고찰되며, 그것은 실제에 있어서 구체적 자연법을 찾고자 하는 노력이 종국적으로는 사물에서 본성을 도출해내고자 하는 사물의 본성론과 맥을 같이 함을 의미하게 된다.

다른 한편 사물의 본성론은 법의 존재론적 구조에 충실하여 그에 대한 총체적 고찰을 행함으로써 정법론의 실질적 내용을 이루는 것으로 파악되기도 한다. 정법에 대한 논의는 종래의 추상적 자연법론과 형식적 법실증주의가 정법에 대한 올바른 법사고를 전개하고 있지 못하다는 데 대한 반성으로부터 시작하고 있다. 이러한 정법론에 대한 직접적이고 역사적인 원인은 실제 나치 시대에 있어서의 극단적인 불법에 대한 체험에 있다고 할 수 있다.

정법에 대한 고찰은 법의 내용을 규정하는 요소, 즉 법의 현실적 요소와 법의 이념적 요소 모두를 고찰할 때 비로소 가능한 것이라 할 수 있다. 추상적 자연법론과 형식적 법실증주의는 이러한 법의 구

---

132) W. Maihofer, Naturrecht als Existenzrecht, S. 13.

성요소를 모두 고찰하고 있는 것이 아니라, 법의 현실적 요소를 충분히 고려하지 못한 일면적인 법사유라고 할 수 있다. 그에 반해 총체적 법사고로 이해되는 사물의 본성론에서는 이러한 법의 구성요소가 모두 고찰의 대상으로서 파악되기 때문에 정법에 대한 올바른 고찰을 가능하게 하고 있다. 따라서 사물의 본성은 정법의 실질적 내용으로서의 의미를 가지는 것으로 파악된다.

또한 사물의 본성론은 구체적 자연법과 정법의 실질적 내용을 이루는 것일 뿐만 아니라, 구체적이고 실질적인 정의의 내용으로서의 의미도 가지는 것으로 파악된다. 사물의 본성론은 결코 공허한 추상적인 법이념으로서가 아니라, 구체적인 현실관계 속에서 밝혀진 구체적이고 실질적인 법이념, 즉 구체적이고 실질적인 정의로 이해된다.133) 그것은 추상적 법이념과 같이 공허한 것으로 실질적인 힘을 가지지 못하는 것이 아니라, 입법에 있어서의 정당한 기준이 되거나 법적용, 법발견, 법해석에 있어서의 구체적 기준이 되는 것으로 이해된다.

이와 같이 총체적 법사유로 파악되는 사물의 본성론은 구체적 자연법, 정법, 실질적 정의의 구체적 내용을 이루고 있는 것으로 고찰된다. 이러한 구체적 자연법, 정법, 실질적 정의로서 파악되는 사물의 본성론은 결코 소극적인 법학상의 한 원칙인 것에 그치는 것이 아니라, 법철학상의 중심원리로서 구체적인 법 그 자체라고 하는 지위를 가지게 된다. 그리고 그것은 단순히 질서의 요소만을 제시해주는 데 그치는 것이 아니라, 오히려 질서 그 자체를 제시해주는 것이며, 또

---

133) 라드브루흐, 최종고 역, 법철학, 66면.

한 그 자신이 입법, 법적용, 법발견, 법해석에 있어서 구체적인 기준을 제시해주는 것으로 파악된다.

이와 같은 사물의 본성의 법이론적 과제는 이념의 자의, 그릇된 당위가 법의 옷을 입고 존재의 세계에 함부로 침입해 들어오는 것을 막는 데 있다고 할 수 있다. 페히너도 사물의 본성의 과제를 인간의 주관적 자의로부터 벗어난 법의 객관성에서 찾고 있다. 법의 객관성에는 법의 현실적 요소의 객관성과 법의 이념적 요소의 객관성이 있는데, 사물의 본성은 법의 현실적 요소의 객관성과 관계되어 있다고 한다. 현실적 요소로서 사물은 그 자체로부터 하나의 법질서를 형성한다고 한다.

이에 대해 페히너는 다음과 같이 말하고 있다: "살아있는 인간의 공동생활은 엔텔레키아의 힘에 의하여 그 동동생활의 일정한 양식을 스스로 형성하여 나가는데, 그것은 그 자체로부터 이미 질서지워져 있는 것으로 나타나며, 일정한 구조와 목적추구성을 자체 내에 지니고 있다. 그래서 인간의 자의를 떠나서 관습, 관행, 습속, 법적 질서들이 생겨난다. … 이와 같이 사회생활과 법 가운데서 작용하는 엔텔레키아의 힘은 사물의 본성의 의미있는 구성부분과 일치하는 것으로 추측된다. 우리가 이 경우 전통적 의미에서 엔텔레키아의 개념을 이해한다면, 그것은 바로 자연에 의하여 주어져 있는 힘임에 틀림없을 것이다. 이 힘은 인간으로부터 독립하여 존재하고 있으며, 인간이 스스로 형성한 것이 아닌 질서에 속한다. 인간은 태어나면서 이 질서 속으로 끼어 들어가며, 이 질서 속으로 숨어버린다. … 이 힘은 이러한 객관화에 의하여 형성력과 작용력으로서, 사물의 본성으로서, 의미내용으로서 인간의 자의와 맞서 있다."[134)]

4. 사물의 본성과 자연법 및 실정법의 관계

사물의 본성과 자연법 그리고 실정법의 관계는 어떠한가? 앞에서 살펴본 바와 같이 사물의 본성은 정법의 실질적 내용 혹은 구체적 자연법의 내용을 이루고 있는 것이 무엇인지에 대한 탐구라 할 수 있다. 그렇다고 한다면, 자연법은 법이념에 대한 탐구, 실정법은 법률에 대한 탐구라고 할 수 있을 것이고, 그리고 사물의 본성은 법에 대한 탐구라고 할 수 있을 것이다. 즉 사물의 본성은 구체적 자연법과

---

134) E. Fechner, Rechtsphilosophie — Soziologie und Metaphysik, S. 150. 이러한 사물의 본성에 대한 이해에 대해서는 약간의 부가적인 설명이 필요하다. 사물의 본성이 법에 대하여 요구하고 있는 바는 인간의 자의로부터 벗어난 객관성뿐만 아니라 인간관계의 정당성도 함께 요구하고 있기 때문이다. 관습, 관행, 습속 등이 인간의 주관적 자의를 떠나 사회 내에서 스스로 형성되었다는 점에서 객관성을 가지고 있지만, 그 객관성이 곧 정당성의 척도를 제공하는 것은 아니다. 정당하지 않은 관습, 관행, 습속 등이 얼마든지 있을 수 있기 때문이다. 또한 살아있는 법을 스스로 형성하는 엔텔레키아의 힘은 자연의 형이상학적 목적인자의 작용으로서 경험적으로 확인불가능하다. 법률은 경험가능한 인간의 생활관계를 규율하는 것인데, 이 때 법률이 준거해야 할 사물의 본성이 경험불가능한 형이상학적인 것이라고 한다면 어떻게 그것을 현실적인 법세계에서 입법과 법해석의 원칙으로 원용할 수 있을 것인지 문제가 된다. 정당한 법에 대한 물음이 실정법을 구속하는 규범적 척도를 제공하는 데 있다면, 그것은 경험적으로 인식가능한 법관계의 대상과 척도를 가지고 있지 않으면 안 된다. 엔텔레키아의 힘이 스스로 질서를 만들어내는 것과 같은 하나의 신비한 수수께끼와 같은 것을 실정법이 자기의 합리적인 구속근거로 받아들일 수는 없을 것이다. 심재우, 사물의 본성과 구체적 자연법, 38면 이하 참조.

정법 혹은 법 그 자체로 파악되고 있으며, 또한 자연법과 실정법은 각각 법이념과 법률의 문제로서 파악되고 있기 때문에, 이러한 사물의 본성과 자연법 및 실정법의 관계는 곧 법과 법이념 그리고 법률의 관계로서 정립될 수 있을 것이다. 우리는 법, 법이념 그리고 법률의 관계로서 사물의 본성, 자연법 그리고 실정법의 관계를 고찰할 수 있을 것이다.135)

먼저 사물의 본성과 자연법의 관계에 대하여 좀 더 자세히 살펴보기로 하자.136) 사물의 본성과 자연법은 서로 매우 밀접한 관련을 가지고 있는 것으로 알려져 있다. 그것은 실제 자연 또는 본성을 의미하는 'Natur' 개념을 양자가 공통으로 가지고 있다는 사실에서 그 연관성을 충분히 엿볼 수 있다. 또한 사물의 본성론이 反개념법학이라는 기치 아래 전후의 자연법 재생과 더불어 나타나기 시작했다는 역사적인 사실에서도 이들의 밀접한 관련성을 쉽게 알 수 있다.137) 자연법에서 사물의 본성론이 계승하고 있는 것은 법의 최고기준을 입법자의 의사에 위임하는 것을 거부하고, 정치권력의 담당자가 가지고 있는 가변적인 판단에 의존하지 않는 어떤 객관적인 법의 기준을 구하고자 하는 데 있다.138) 사물의 본성론과 자연법론은 공히 가치를

---

135) 법, 법이념 그리고 법률의 관계에 대하여는 A. Kaufmann, Analogie und Natur der Sache, S. 280 ff.

136) 사물의 본성과 자연법에 대하여는 A. Baratta, Natur der Sache und Naturrecht, in: A. Kaufmann (Hrsg.), Die ontologische Begründung des Rechts, S. 104 ff.

137) 이준구, 사물의 본성에 관한 법리연구, 56면.

138) 이준구, 자연법론과 사물의 본성(2), 3면.

주관적 자의성의 예속에서 해방시키고, 규범에 객관성을 부여하고자 하는 시도이며, 또한 양 이론은 가치의 본질 또는 최소한 그 타당성을 입법자의 의사 바깥에서 그에 대립하여 인식주체에 대하여 결정과 평가에 있어서 정당한 기준을 제시하는 실재 속에 두고자 하는 시도라고 할 수 있다.[139] 요컨대 사물의 본성론과 자연법론은 입법자의 주관적 의사에 의존하는 것이 아니라, 법의 객관적 가치기준의 구명에 치중하고 있다는 점에서 서로 공통점을 가지고 있다.

그러나 이렇게 사물의 본성론이 자연법론과 밀접한 관련을 가지고 있다는 사실만으로, 서로 입법자의 주관적 의사에 구속되지 않으려고 한다는 점에서 양자가 서로 일치하고 있다는 사실만으로 양자의 관계가 충분히 밝혀졌다고 보기는 어렵다. 사물의 본성과 자연법은 서로 밀접하게 관련되어 있지만, 또한 많은 점에서 서로 차이를 보이고 있기 때문이다.[140]

사물의 본성론은 인간의 공동생활이라는 사실 내지 생활관계에 대립하는 고차원적인 원리의 규범성을 탐구하는 것이 아니라, 이와 같은 사실의 제 관계 그 자체에 내재하는 원리 또는 그것과 관련을 맺고 있는 질서에 대한 탐구를 시도하는 것이라는 점에서 자연법론과는 뚜렷이 구별된다. 즉 인간의 본성과 이성에서 도출되는 자연법은 모든 민족과 시간에 동일한 법의 기초를 구축하고자 하는 것이지만,

---

139) 이준구, 자연법론과 사물의 본성(2), 3-4면.
140) 사물의 본성과 자연법의 관계는 일의적으로 말할 수 없다. 그것은 자연법의 개념이 다의적인 데다가 또한 사물의 본성이 구체적 자연법으로서 파악되기 때문에 더욱 그러하다.

사물의 본성으로부터는 역사적이고 민족적인 법형식의 다양성이 결과적으로 도출되기 때문이다.[141] 따라서 자연법과 사물의 본성은 그것이 추상적인 법원리에 대한 탐구인가 아니면 구체적인 법원리에 대한 탐구인가 하는 점으로 서로 구별할 수 있을 것이다.

자연법은 추상적 법이념에 몰두하여 영원하고 고정불변의 법원칙을 찾으려고 하는 데 반하여, 사물의 본성은 구체적이고 현실적인 생활관계에서 나타나는 객관적 의미, 즉 구체적 법이념을 찾으려고 하는 것이다. 즉 자연법은 그 내용에 있어서 공허한 추상적인 법이념에 대한 탐구를 행하고 있지만, 사물의 본성은 지금 여기에서 타당하고 끊임없이 변화하고 생성하는 역동적인 구체적 법이념에 대한 탐구를 행하고 있는 것이다. 자연법은 법이념의 문제에 관여하고 있으나, 그것은 구체적인 현실관계와는 상관없이 논의되는 관념적 추상에 머물러 있게 된다. 그것은 현실 속에서 보완되지 않는 한 아무런 효력도 가지지 못하는 것이다. '각자에게 그의 몫을'이라고 표현되는 추상적 정의의 원칙은 그것만으로써는 아직 각자의 몫이 구체적으로 무엇인지 말하고 있지 못하는 것이다.[142] 그것은 끊임없이 변화하고 생성하는 구체적 현실관계 속에서 밝혀져야 하는 것이다. 사물의 본성은 이와 같이 추상적인 논의에 머무르는 것이 아니라, 구체적 정의와 법을 밝히고자 시도한다. 그것은 곧 사실관계에 고유한 사물정의에서 밝혀지는 구체적 정의 또는 형평을 말하는 것이 될 것이다.[143]

---

141) 이준구, 자연법론과 사물의 본성(2), 4면.
142) 라드브루흐, 엄민영 / 서돈각 역, 법철학입문, 59면.
143) 라드브루흐, 최종고 역, 법철학, 66면.

　이러한 추상적인 정의와 구체적인 정의인 형평의 관계에 대하여는 이미 아리스토텔레스가 그의 『니코마코스 윤리학』에서 형평은 정의에 우월하는 것이며, 정의에 대립하는 것이 아니라, 오히려 정의의 한 종류에 지나지 않는다는 딜레마와 씨름하면서, 정의와 형평은 서로 다른 가치인 것이 아니라, 통일적인 법가치에 도달하기 위한 상이한 과정이라고 하는 암시를 보여주고 있다.[144] 정의는 개별적인 경우를 보편적인 규범의 관점에서 보고자 하는 것이며, 형평은 개개의 경우 속에서 각각의 고유한 법칙을 구하고자 하는 것이다. 그러나 그것도 결국은 마찬가지로 보편적인 법칙으로 끌어올려진다. 정의와 형평의 구별은 보편적인 원칙에서 정법을 연역적으로 발전시키는 방법과 사물의 본성에서 정법을 직관적으로 인식하는 방법의 차이라고 할 수 있다.[145] 그러나 실제에 있어서 자연법론은 추상성을 면치 못하고 있지만, 사물의 본성론은 구체적이고 역사적인 법으로서 실질적인 힘을 가지는 것으로 나타난다.

　요컨대 사물의 본성과 자연법은 양자 모두 입법자의 주관적 의사에서 벗어나 객관적인 법을 찾으려고 하는 공통적인 기초를 가지고 있지만, 자연법은 구체적 현실관계를 떠나서 존재하는 영원불변의 추상적 법원칙에 대한 탐구를 행하고, 그리고 사물의 본성은 구체적 현실관계 속에서 밝혀지는 변화와 생성의 법원칙에 대한 탐구를 행한다는 점에서 서로 구별된다. 그것은 곧 자연법이 추상적 법이념, 추

---

144) 라드브루흐, 최종고 역, 법철학, 66면; 아리스토텔레스, 최명관 역, 니코마코스 윤리학, 168면 이하 참조.
145) 라드브루흐, 최종고 역, 법철학, 66면.

상적 정의, 추상적 자연법에 대한 탐구로 이르러가는 경향을 띠지만, 사물의 본성은 구체적 법이념, 구체적 정의, 구체적 자연법에 대한 탐구로 이르러가는 경향을 띠는 것에서 잘 나타난다. 결국 자연법과 사물의 본성의 관계는 그것이 추상적인가 아니면 구체적인가 하는 기준에 따라 구분될 수 있는 것이라고 할 수 있으며, 또 사물의 본성은 자연법의 추상성을 보완하는 것이라고도 할 수 있을 것이다.

그렇다면 사물의 본성과 실정법의 관계는 어떠한가? 구체적 자연법과 정법으로서 이해되는 사물의 본성과 실정법이 어떠한 관계에 있는가 하는 문제는 전후 독일의 법철학에서 집중적으로 논의되었던 '법과 법률'의 관계에 대한 문제로 파악할 수 있으리라 생각한다.146) 이러한 법과 법률의 관계에 대하여는 그것이 추상적인 자연법론의 입장에 서는가, 아니면 형식적 법실증주의의 입장에 서는가, 아니면 구체적 자연법론의 입장에 서는가에 따라 각각 그 대답이 달라진다. 우리는 추상적 자연법론자들처럼 법과 법률의 관계를 파악함에 있어서 법률에 대한 법의 절대적 우위를 주장할 수는 없다. 그것은 법률을 무시하고 공허한 법이념의 고찰만을 그 대상으로 삼음으로써 법과 법률의 올바른 관계를 제대로 파악하는 데 아무런 도움이 되지 않기 때문이다. 또한 우리는 형식적 법실증주의자들처럼 법과 법률의 관계를 파악함에 있어서 법에 대한 법률의 절대적 우위를 주장할 수도 없다. 그것은 그 내용에 있어서 정당한 법을 무시하고 맹목적인

---

146) 법과 법률의 관계에 대한 문제는 독일에 있어서 헌법해석상의 문제로서 등장하고 있다. 이에 대하여 자세한 것은 김영환, 법과 법률과의 관계; 윤재왕, 법관의 법과 법률에의 구속 참조.

법률에 대한 고집만을 일삼고 있음으로써 추상적 자연법론자들과 마찬가지로 법과 법률의 관계에 대한 올바른 고찰을 할 수 없게 만들기 때문이다. 이들과는 달리 구체적 자연법론을 주장하는 입장에서 법과 법률의 관계는 서로가 서로에 대해서 무관한 그리고 서로가 서로에 대해서 절대적 우위를 강조하는 일면적 고찰에서 벗어나, 양자는 서로 구분되지만 동시에 매우 밀접한 관련을 가지는 것으로 고찰된다.[147]

법과 법률은 그것이 제정되었는가 그렇지 않은가에 따라 구분되는 것으로 그 구별표지는 결국 제정 여부에 있다고 할 수 있다.[148] 이러한 차이만을 가지는 양자의 관계는 구체적 자연법론과 사물의 본성론의 관점에서 바라볼 때 법의 법률에 대한 상대적 우위를 가지는 것으로 나타나고 있다. 그것은 실정화된 법률이 그 자신의 정당성을 스스로가 가지는 것이 아니라, 실정법률 외적인 법에 의하여 부여받고 있다는 사실에서 잘 드러난다. 그러나 한 때 이러한 실정법이 그 자체에 정당성을 지니고 있는 완전무결한 것이라는 법사고가 풍미한 적도 있었다. 물론 이러한 실정법률의 무흠결성과 무모순성이라는 도그마는 오늘날 일반적으로 인정되지 않고 있다.[149]

실정화된 법률은 아직 그 자체로서 완결된 정법인 것은 아니다. 실정법률은 그것이 법인 것과 법이 아닌 것으로 나뉘어질 수 있는 것이다. 그리고 법관은 이러한 법인 법률에 구속되는 것이지, 결코 법

---

147) 김영환, 법과 법률과의 관계, 5-11면.
148) W. Maihofer, Die Bindung des Richters an Gesetz und Recht, S. 16.
149) 카우프만 / 하쎄머, 심헌섭 역, 현대 법철학의 근본문제, 101면.

이 아닌 법률에 구속되는 것은 아니다. 따라서 법관은 항상 법적 문제에 직면하여 법과 법률의 관계에 대한 문제에 있어서 먼저 법이 무엇인가 하는 판단을 먼저 하여야 하는 것이다. 즉 법률이 법에 합당한가의 문제를 먼저 판단한 후에 그것이 법에 합당하면 그것에 구속될 것이지만, 그 반대로 법에 합당하지 아니한 때에는 법률이 아닌 법에 구속되어야 하는 것이다.[150) 따라서 법률에 대한 법의 상대적 우위가 인정되는 것이다.

이러한 사물의 본성과 실정법, 그리고 법과 법률의 관계는 법철학적 논의에 있어서 부차적으로 많은 문제를 제기하고 있다. 그것은 입법, 법적용, 법발견, 법해석 등에 있어서 실정법률과 관련하여 무수한 법이론적 문제를 야기하고 있다. 이에 대해서는 뒤에서 별도로 논의하기로 하겠다. 이러한 입법, 법적용, 법해석 등에 있어서 실정법률과 관련하여 논의되는 사물의 본성에 대한 법이론적 논의는 곳곳에서 개념법학과 법실증주의 내지 법률지상주의의 오류를 지적하고 있으며, 결국 실정법률은 법적 문제를 해결하는 데 있어서 하나의 중요한 기준인 것이지, 결코 완결된 무흠결성과 무모순성을 지닌 것이 아니라는 것을 분명하게 보여주고 있다. 요컨대 형식적이고 고정적인 실정법률의 정당성 여부는 법 또는 사물의 본성에 의하여 판단되는 것이며, 따라서 고정적인 실정법률의 적용에 있어서는 항상 사물의 본성에 의한 보완이 함께 이루어져야 한다는 것이다.

---

150) 법관의 법과 법률에 대한 구속의 본질적인 내용은 결국 법관이 구체적인 법내용에 따라 판결할 것을 요구하게 되는 것이다. 이에 대하여 자세한 것은 김영환, 법과 법률과의 관계, 100-101면.

이상의 논의를 종합해보면 다음과 같은 요약이 가능할 것이다: 사물의 본성은 자연법과의 관계에 있어서는 자연법의 공허성으로 인한 법의 실현불가능성을 치유하는 것이며, 또한 실정법과의 관계에 있어서는 실정법의 맹목성으로 인한 법의 실현불가능성을 치유하고 있는 것이다. 다시 말해 사물의 본성은 추상적인 법이념과 형식적인 법률에 대하여 구체적으로 타당한 현실적인 법이 무엇인가를 제공해주는 것이다. 따라서 추상적 법이념과 형식적 법률은 구체적이고 현실적인 법 속에서 완성되어야만 한다. 결국 자연법과 실정법이 추구하는 법의 실현은 사물의 본성 속에서 완성되는 것이라고 할 수 있을 것이다.

5. 사물의 본성과 법원성

원래 법이란 사회생활의 준칙으로서 의식의 세계에 존재하는 것이며, 공간적으로 그리고 외형적으로 존재하는 것은 아니다. 그러나 실질적 사회규범으로서 그 내용은 어떤 소재를 통하여 인식될 수 있는 것이어야 한다. 따라서 법은 일정한 형식으로 나타나고 존재하여야 한다. 이와 같은 법을 인식할 수 있는 법의 발현존재의 형식을 가리켜 우리는 法源이라고 부른다. 우리는 사물의 본성에 대한 역사적 논의를 고찰하면서 사물의 본성의 법원성을 둘러싸고 벌어진 학자들의 논쟁을 살펴본 바 있다. 그것은 본래 근대 법학의 전개에 있어서 실정법의 흠결시 실정법의 내재적 보충원리라고 하는 법학상의 한 해석원칙으로서 논의되었다. 그러다가 전후 독일의 법철학에서 사물의 본성은 그 지위가 실정법의 내재적 보충원리라고 하는 데에서 벗어나 실정법의 외재적 비판원리로서 승격되고 있음을 알 수 있다.

현대의 법철학에서 사물의 본성의 법원성은 각 학자들의 논의에 따라 조금씩 차이를 보이고 있다. 라드브루흐에 있어서 사물의 본성은 아직 자기 자신의 힘으로 효력을 가지는 것이라고 할 수 없으며, 그것은 그 자신은 법원은 아니지만 어떤 법원이 그것에 명시적으로 또는 묵시적으로 여지를 인정할 때 비로소 효력을 가진다고 하여 사물의 본성에 보충적 법원으로서의 효력을 부여하고 있다.[151] 그러나 구체적 자연법으로서 적극적으로 파악되는 사물의 본성론을 주장하는 마이호퍼에게 있어서는 그것이 실정법률 이외의 법원으로서의 효력을 가지는 것으로 나타난다.[152] 즉 구체적 자연법으로서 파악되는 사물의 본성론에 있어서 그것은 실정법률 이외의 불문법으로서의 법원성을 가지는 것으로 평가된다. 그것은 법을 인식할 수 있는 법의 존재형식이며, 그 자체 구체적 자연법으로서 파악되는 것이기 때문에, 실정법률 이외의 법원으로서의 효력을 가지는 것으로 된다. 즉 구체적 자연법으로서 논의되는 사물의 본성론에 있어서 그것은 그 자체 법으로서의 의미를 가지는 것으로서 그에 대한 법원성 문제는 논의할 여지도 없이 실정법률 이외의 법원으로서 인정되고 있는 것이다. 그것은 법원성의 문제를 넘어서 모든 실정법이 그것 위에 기초하고 있는 것으로 고찰된다.

이러한 사물의 본성의 법원성 문제는 개개 실정법학에 있어서는 조리의 법원성에 대한 문제로서 논의되고 있다. 그것은 대체로 어떤

---

151) G. Radbruch, Die Natur der Sache als juristische Denkform, S. 15.
152) W. Maihofer, Die Natur der Sache, S. 83-84.

사건에 있어서 그 판단의 기준이 될 실정법이나 관습법이 모두 존재하지 않는 공백상태의 경우에, 법관이 적용할 실정법률이 없다는 이유로 재판을 거부하지 못한다는 원칙에 따라, 그 흠결의 준거가 되는 것이 무엇인가 하는 실정법 내의 보충원리로서 논의되고 있다. 즉 그러한 경우에 법관은 사물의 본성이라고 믿는 바에 따라 판단할 수밖에 없다고 한다. 이러한 개개 실정법률에 있어서의 사물의 본성의 법원성에 대하여 간단히 살펴보기로 하겠다.

스위스 민법 제1조에는 다음과 같은 유명한 법률규정이 있다: "문자상 또는 해석상 이 법률에 규정이 있는 법률문제에 관하여는 모두 이 법률을 적용한다. 이 법률에 규정이 없는 경우에는 자기가 입법자라면 법규로서 설정하였을 것에 좇아서 재판하여야 한다." 우리 민법 제1조도 법률 또는 관습법이 모두 없는 경우에는 조리에 의한다고 규정함으로써 법의 흠결시에 조리에 따라 재판하여야 한다는 오늘날 일반적으로 인정되어 있는 원칙을 명문화하고 있다. 현재 우리나라의 대부분의 학자들은 법관은 헌법과 법률에 의하여 그 양심에 따라 독립하여 심판한다는 헌법 제103조의 규정과 민법 제1조의 규정을 근거로 하여 조리의 법원성을 인정하고 있다.

그러나 이러한 조리의 법원성에 대해 조리를 판단의 준칙으로 인정하는 것은 그것이 법이기 때문이 아니라 어디까지나 성문법주의 하에서 법의 흠결이 불가피한데다가 법관은 그 경우 판단을 거부할 수 없다는 사실에 기인하는 것이라고 하면서 이러한 조리의 법원성을 부인하는 견해가 있다. 그러한 입장에 따르면 조리는 법이 아니지만 법관에 의해 적용되는 것이라고 보는 것이 타당하다고 한다.

이러한 견해는 지나치게 실정법률만을 법원으로서 인정하려고 하는 태도에서 비롯된 것이며, 그것은 실제 형식적 법실증주의의 견해로서 이해될 수밖에 없다. 실정법률은 결코 완벽할 수 없다. 법률의 흠결이라고 하는 것은 고정적인 실정법률에 필연적인 것이다.[153] 그리고 실제에 있어서 실정법률은 사물의 본성 위에서 정초지워지는 것이다. 그럼에도 불구하고 조리의 법원성에 대하여 그것이 법관에 의하여 적용되는 것은 조리가 법이기 때문인 것이 아니라 법률의 흠결시 법관은 재판을 거부할 수 없다는 사실에 기인하기 때문이라고 하는 것은 오히려 사실을 거꾸로 바라보고 있는 것이다. 그것은 법관이 법률의 흠결시 재판을 거부할 수 없다는 사실에 기인하여 조리를 원용하는 것이 아니라, 법률은 결코 완벽할 수가 없고, 따라서 필연적으로 구체적인 사태에 있어서 법률이 흠결된 경우 그 법률이 기초하고 있는 사물의 본성, 즉 조리에로 다시 환원되어 그것에서 법적 판단을 하는 것이 올바른 파악이기 때문이다. 즉 사물의 본성 혹은 조리는 실정법률에 앞서 실정법률을 평가하는 구체적 기준인 것이고 그 자체 법인 것이다. 그렇기 때문에 실정법률이 흠결된 때에 그것에 의거하여 법적 판단을 내리게 되는 것이다.

우리 민법 제1조의 해석론에 있어서 대부분의 학자들은 조리를 보충적 법원으로서만 인정하고 있다. 물론 법해석에 있어서 사물의 본성은 보충적 원리로 적용될 수 있을 것이다. 그러나 법철학적 논의에 있어서 사물의 본성은 보충적 법원으로서의 효력만을 가지는 데 그치지 않는다. 실정법률은 그것이 사물의 본성 위에 정초되는 것으로 고찰되기 때문에 법철학적 논의에 있어서 사물의 본성은 실정법의

---

153) 법의 흠결에 대하여는 치펠리우스, 김형배 역, 법학방법론, 87면 이하 참조.

정당성 여부를 판가름해주는 실정법률 이외의 법원으로서의 효력을 가지는 것으로 된다. 따라서 사물의 본성과 실정법률이 서로 충돌하는 경우에 그 충돌의 정도에 따라 사물의 본성에 실정법률을 개폐할 수 있는 적극적 효력도 부여될 수 있다. 이것은 법과 법률이 서로 충돌하는 경우에 상대적으로 법이 우위에 서는 것이 법치국가의 원리에 맞는다는 점에서도 이해될 수 있을 것이다. 이로써 사물의 본성론은 법원성의 문제에 있어서 실정법률 우위의 일원적인 법원론에 대하여 다원적인 법원론을 주장하는 것으로서 나타나고 있다고 할 수 있다.154)

6. 입법, 법적용, 법해석에서 사물의 본성의 역할

사물의 본성에 대한 법이론적 논의의 마지막 고찰로서 입법, 법적용, 법해석에 있어서 사물의 본성이 구체적으로 어떠한 역할을 행하고 있는지 살펴보기로 하겠다. 먼저 입법에 있어서 사물의 본성은 어떠한 역할을 하고 있는가?

대체로 자연주의적 관점에서 파악되는 소극적 의미의 사물의 본성론에 있어서 그것은 입법에 있어서의 제한원리로서 적용되고 있음을 알 수 있다.155) 즉 입법을 행하는 영국 의회가 모든 것을 할 수 있으

---

154) N. Bobbio, Über den Begriff der Natur der Sache, in: A. Kaufmann (Hrsg.), Die ontologische Begründung des Rechts, S. 89; 이준구, 사물의 본성에 관한 법리연구, 55면.

나 여자를 남자로 만들 수는 없는 일이며, 따라서 입법자는 불가능을 요구할 수 없다고 하는 사실에서 그러한 점이 잘 나타나고 있다고 한다. 어떠한 규범설정자도 자연법칙상 불가능한 것을 규범내용으로 삼을 수 없다. 즉 당위는 항상 가능성을 함의하고 있는 것이다. 이러한 소극적 의미에서 파악되는 사물의 본성은 복합적인 법형성과정을 결정하는 요소들 중의 하나에 불과한 것이다. 즉 그것은 법형성과정의 목표와 관련하여 하나의 조건관계를 설정하는 것이라고 할 수 있다. 만약 정당한 법을 제정하려고 한다면, 사물의 본성을 고려하지 않으면 안 된다고 하는 조건관계를 설정하는 것이 된다고 한다. 다시 말해 규범설정자 또는 입법자가 규율대상에 포함되는 사물의 본성을 충분히 고려하면 정당한 법을 획득할 가능성이 커지며, 반면에 규범설정자 또는 입법자가 사물의 본성을 충분히 고려하지 않으면 결국 이는 부정당한 법의 위험성을 내포하게 되는 것을 뜻한다고 한다.156)

그러나 구체적 자연법으로서 논의되는 적극적 의미의 사물의 본성론에 있어서 그것은 이러한 입법에 있어서의 제한적 기능만을 담당하는 것에 그치는 것이 아니라, 오히려 좀 더 적극적으로 입법자를

---

155) G. Radbruch, Die Natur der Sache als juristische Denkform, S. 15 ff. 라드브루흐는 사물의 본성을 입법자에 대한 지도사상이라고만 지칭하고 있다. 그러나 이것은 사물의 본성이 논의될 수 있는 영역을 너무 좁게 바라보고 있는 것으로 평가된다. 사물의 본성은 무정형적인 소재인 것만은 아니다. 그것은 입법자가 설정하려고 하는 법규범의 내용을 지시하는 일정한 질서요소를 내포하고 있는 것이다. 따라서 사물의 본성은 입법자에 대하여 단순한 지도사상에 그치는 것이 아니라 더 특수한 규준을 제공하는 것으로 바라보아야 할 것이다.

156) 심헌섭, 법철학, 163-164면.

구속하는 역할을 하고 있는 것으로 파악된다. 소극적 의미의 사물의 본성론에서처럼 사물의 본성에서 본성의 측면보다 사물의 측면에서 고찰하는 경우에는 입법에서의 제한적 기능이 거론될 수 있을 것이지만, 적극적 의미의 사물의 본성에서처럼 사물의 본성에서 본성의 측면을 충분히 고찰하는 경우에는 자연주의적 의미에 있어서의 그것과는 달리 구체적 자연법과 정법으로서 단지 질서의 요소만을 제공하는 것이 아니라 정당한 법질서 그 자체를 제시해주고 있는 것으로 파악된다. 그것은 지금 여기에서 타당하는 구체적이고 역사적이며 현실적인 법인 것이다. 따라서 입법자가 이것을 무시하게 되면 부정당한 법의 위험성을 내포하는 것이 아니라, 그 자체 정당한 법에 반하는 것이 된다. 그것은 곧 입법자를 구속하고 있는 입법의 지도원리로서 입법에 있어서 반드시 따라야만 하는 구속적인 원리로서 작용하는 것이다. 입법자가 이에 반하여 법률을 제정하는 경우에는 그것은 법이 아니라 악법으로 되는 것이다.

구체적 자연법으로서 논의되는 사물의 본성론은 악법이 나타나게 되는 또 다른 원인에 대해서도 적절한 분석을 가능하게 하고 있다. 이러한 사실은 실정법률이 설령 어느 시점에서 그 당시의 구체적인 현실관계에서 밝혀진 사물의 본성에 적합하게 제정되었다는 이유만으로 정법이 되는 것은 아니라고 하는 데에서 잘 드러난다. 우리는 사물의 본성에 대한 개념적 고찰을 통하여 사물의 본성 개념을 정적인 개념으로서가 아니라, 구체적이고 동적인 개념으로서 파악하였다. 바로 이러한 사물의 본성 개념의 역동적 의미에서 악법의 발생원인에 대한 또 다른 측면에 대한 설명이 가능해진다. 실정법률은 대체로 어느 일정한 기간에 한하여 타당하는 형식적이고 일반적인 법규범으로서 파악된다.157) 그리고 그것은 다분히 역동적인 구체적 현실관계에 대하여 고정적인 의미를 가지게 된다. 따라서 설령 어느 시점에서 구체적 현실관계의 객관적 의미에 적합하게 제정된 실정법률은 단지 그 당시에 있어서만은 악법의 소지를 벗어나고 있는 것이지 그 이후의 모든 법률관계에 있어서까지 그 정법성을 유지하는 것은 아니라는 것이다.

그것은 결국 실정법률은 그 정당성의 기준을 그 자체에 가지고 있는 것이 아니라, 실정법률 이외의 사회적 생활관계 속에, 즉 사물의 본성 속에 가지고 있다는 것과 같은 의미를 지니게 된다. 따라서 모든 실정법은 항상 악법의 소지가 있는 것이라고 할 수 있을 것이다. 그것은 실정법률이 그 속성상 고정적인 것이라는 사실에서 연유한다. 사물의 본성은 끊임없이 변화하고 생성하여 동적인 의미의 법을 낳게 되는 데 반하여, 실정법률은 고정적인 것이어서 아직 동적 생활관계에 적응하지 못하여 실정법률과 구체적 현실관계의 괴리, 즉 법률과 법, 실정법과 사물의 본성의 모순관계가 생기게 되는 것이다.

이와 같이 사물의 본성과 실정법이 서로 충돌할 때, 즉 법과 법률이 서로 충돌할 때 그것은 어떻게 해결되어야 하는가? 우리는 법과 법률의 관계에서 이 문제에 대한 해결을 찾을 수 있으리라 생각한다. 우리는 앞에서 법과 법률의 관계에 대한 고찰에서 법은 법률에 대하여 상대적인 우위를 갖는 것으로 고찰한 바 있다. 즉 모든 법적용과 법판단에 있어서 법관은 법이란 무엇인가, 법률이 법에 합당한가 그렇지 않은가에 대한 판단을 먼저 내린 후에 법률이 법에 합당하면

---

157) A. Kaufmann, Analogie und Natur der Sache, S. 320 도표 참조.

그 법률에 구속되지만, 그 반대로 법률이 법에 합당하지 않는 경우에는 법에 구속되어야 한다고 보았다. 법관의 법과 법률에 대한 구속은 결국 전체적으로 보아 법에 대한 구속을 의미하는 것이며, 또한 그것이 법치국가의 이념에 속하는 것이라고 할 수 있을 것이다.

사물의 본성론은 또한 법해석에 있어서 개념법학적인 법해석을 지양하고 있는 것으로 파악된다. 개념법학이 구성하고 있는 법해석의 이상적인 형태는 교의적인 법해석이라고 할 수 있다. 그것은 실정법률의 무흠결성이라고 하는 전제 위에서 법해석의 방법론에 있어서 형식논리적인 삼단논법에 의한 연역적 조작을 통하여, 법관에게 단지 실정법률을 형식적으로 적용하는 자동기계로서의 역할만을 강요하게 되는 것이다.158) 물론 이러한 개념법학적인 교의적 법해석에 있어서는 사물의 본성에 의한 법해석은 전혀 인정될 여지가 없게 된다. 또한 인정된다고 하더라도 극히 협소하게 실정법률의 흠결의 보충적 수단으로서만 인정된다. 그러나 법률규범이 단지 법이념에 의해서만 형성되지 않는 것과 마찬가지로, 어떠한 법판단도 법률규범으로만 성립될 수는 없는 것이다.159) 법률은 그 자체 완벽한 무모순성과 무흠결성을 가지고 있는 것이 아니라, 항상 그 해석에 있어서 그 논리적 체계만으로 해결할 수 없는 문제를 가지고 있다. 따라서 법률의 해석에 있어서 법률의 문언에만 매달리는 개념법학적인 교의적 법해석은 법이 살아있는 현실의 사회생활질서라고 하는 법의 본질에 반하는

---

158) 법학적 삼단논법에 대하여는 치펠리우스, 김형배 역, 법학방법론, 134면 이하 참조.

159) A. Kaufmann, Analogie und Natur der Sache, S. 280 ff.

결과를 초래할 위험이 생긴다. 객관적인 법률의 해석은 법률의 문언에 충실해야 하는 동시에 사물의 본성을 고려하지 않으면 안 되는 것이다.

객관적인 법해석은 법관의 자의를 배제해야 하는 것일 뿐만 아니라 입법자의 자의도 역시 배제해야만 하는 것이다. 다시 말해 객관적인 법해석은 일체의 자의를 배제한 비자의성을 그 전제조건으로 삼아야 한다. 그렇게 볼 때 개념법학적 법해석이 취하는 법률의 문언에 대한 충실은 법관의 자의는 제대로 배제하고 있는 것이지만, 오히려 법관의 자의를 배제함으로써 더욱 철저하게 입법자의 자의에 구속당하는 것으로 변할 수 있다. 물론 개념법학적 법해석처럼 법의 해석은 우선 법률의 문언에 충실하여야 한다. 그것은 결코 자의적으로 해석하는 것이 아니기 때문이다. 그러나 그것이 오히려 입법자의 자의에 더욱 철저하게 구속되는 것이라고 한다면, 그것은 정당한 객관적인 법해석이라고 할 수 없다.

법해석에 있어서 법관의 자의가 배제되어야 하듯이, 입법자의 자의도 마찬가지로 법해석에서 배제되어야 한다. 그러한 자의의 배제는 사물의 본성에 따른 법해석에서 비로소 가능하게 될 것이다. 사물의 본성에 의한 법해석은 입법자와 법관의 주관적 목적이나 자의에서가 아니라, 객관적이고 사물합리적인 목적을 추구하고자 하는 것이다. 사물의 본성에 의한 법해석은 입법자의 자의와 법관의 자의를 모두 배제하는 데에서 출발하여, 구체적인 법현실관계에 충실하고 그것으로부터 객관적으로 합당한 법해석을 도출해내고자 하는 것으로 객관적이고 목적론적인 법해석에로 향하고 있는 것이라고 할 수 있다.

법관의 법발견에는 항상 법창조의 요소가 내재하여 있으며, 이러한 법창조 작업은 입법작업과 유사성을 가진다. 법률의 해석과 구체적인 사태의 확정은 항상 법관의 창조적 작업으로 되며, 이는 결코 단순한 법률적용의 작업인 것은 아니다. 이와 같은 법률의 해석과 구체적인 사태의 확정을 통하여 법관에게는 법해석에 있어서 창조성이 부여되고, 또 그 해석의 근저에는 항상 사물의 본성이 자리잡게 된다. 이러한 의미에서 사물의 본성은 언제나 해석에 의한 법창조 및 흠결의 보충에 의한 법창조의 원리로서 필요불가결하게 된다. 즉 이러한 사물의 본성에 의한 법해석은 법률의 문언에 현실적인 생명력을 불어넣는 것이며, 법률규범과 구체적인 현실관계를 객관적으로 일치 또는 상응화하는 것이라고 할 수 있다. 따라서 법관의 법판단은 항상 그 본질에 있어서 사물의 본성에 따라 구체적이고 객관적인 존재상황에 기초해야만 하는 것이다. 그리고 그 구체적인 법판단의 방법은 실제에 있어서는 연역과 귀납의 혼합적인 방법을 취하지 않으면 안 될 것이다.[160]

이와 같이 객관적인 법해석의 방법을 취하는 경우 법관은 판결을 실정법률규범에서만 찾아야 한다고 하는 법실증주의적이고 개념법학적인 법해석은 근본적으로 극복될 것이다. 그 까닭은 법의 객관적 의미가 법률 그 자체 속에 있는 것이 아니라, 오히려 구체적인 사물의 본성 속에서 비로소 발견되기 때문이다. 따라서 객관적인 법해석은

---

160) A. Kaufmann, Analogie und Natur der Sache, S. 288. 카우프만에 있어서 그 중심을 이루는 것은 유추적 방법이라고 한다. 그는 형법에 있어서의 유추해석의 금지는 법실증주의의 반영에 지나지 않는 것이고 실제 그것을 금지할 정당한 이유는 없다고 한다.

결코 단순한 법률의 적용인 것이 아니라 사물의 본성에 따른 법판단인 것이다. 법실증주의의 신봉자들이 생각하고 있는 것처럼 사태를 법률에 포섭시키는 것만으로 법해석은 충분하다고 할 수 없다. 사물의 본성에 의한 법판단도 물론 이와 같은 포섭의 과정을 거치지 않을 수 없다. 그러나 그것은 법발견의 주된 작업이 이루어지고 난 다음에 비로소 가능한 것이다. 법률의 해석은 법률의 문언의 단순한 언어학적인 해석인 것이 아니라, 입법자 자신도 의식하지 못한 구체적이고 현실적인 의미를 구명하고 재구성하는 것이라고 할 수 있다. 요컨대 사물의 본성론은 실정법의 해석에 있어서 형식적인 법률에 나타난 구성요건과 구체적인 생활관계에서 확인할 수 있는 구성요건사실 사이의 적합성 판단에 대한 방법론적 원리가 될 수 있을 것이다. 그것은 곧 유형론적인 법사고에로 인도될 것이다.[161]

---

161) A. Kaufmann, Analogie und Natur der Sache, S. 310 ff. 유형론적 법사고에 대하여는 치펠리우스, 김형배 역, 법학방법론, 99-110면 참조.

제 5 장

결 론

지금까지 논의하였던 것을 간단하게 정리하면서, 마지막으로 사물의 본성론의 의의와 기능 그리고 그 과제에 대하여 살펴보기로 하겠다.

먼저 우리는 서론에서 현대 법철학의 상황을 살펴보면서, 현대 법철학의 과제가 일면적 법고찰을 지양하고 총체적 법사고에로 향하고 있음을 지적하였다. 그리고 사물의 본성론이 가지는 현대 법철학적 의의는 총체적 법사고를 가능케 해준다는 데서 찾을 수 있으며, 바로 이러한 총체적 법사유로서 파악되는 사물의 본성론이 논의의 주된 대상임을 분명히 하였다.

이어서 사물의 본성론에 대한 논의를 역사적 맥락 속에서 구체적으로 고찰함으로써 총체적 법사고로서 논의될 수 있는 사물의 본성론의 가능성을 살펴보았다. 여기에서 우리는 사물의 본성론이 매우 오래된 논의이면서도 항상 새로운 문제로서 나타나고 있으며, 또한 그 문제의식에 있어서도 각 시대와 각 학자에 있어서 상이하다는 것을 밝혔다. 그것은 근대 이전에 있어서는 철학의 영역에서 형이상학적 원리로서 논의되었으며, 근대에 있어서는 법학의 영역에서 실정법의 내재적 보충원리로서 논의되었으며, 그리고 현대에 있어서는 법철학의 영역에서 실정법에 대한 외재적 비판원리로서 논의되고 있다는 사실을 지적하였다. 특히 현대에 있어서 사물의 본성론은 그것이 실정법에 대한 외재적 비판원리로서의 지위를 가진다는 사실을 강조하면서, 이에 대한 학자들의 다양한 견해를 하나씩 검토해보았다. 현대에 있어서 사물의 본성론에서 밝혀진 중요한 사실은 그것이 크게 두 가지의 형태로, 법소재의 집합개념으로서 파악하는 소극적 의미의 사물의 본성론과 구체적 자연법으로서 파악하는 적극적 의미의 사물의 본성론으로 나뉘어지고 있다는 것이다. 이러한 소극적 의미의 사물의 본성론과 적극적 의미의 사물의 본성론을 검토하면서, 전자보다는 후자의 사물의 본성론이 현대 법철학의 요구에 더 합당하다는 사실을 살펴보았다.

사물의 본성에 대한 개념적 논의에서는 먼저 이 개념이 매우 다의적인 개념이며, 사물의 본성에 대한 올바른 개념 이해는 자연주의적으로 파악할 것이 아니라, 법학적·규범적 의미에서 파악하여야 한다는 것을 밝혔다. 그리하여 사물의 개념에 대한 고찰에서는 그것이 자연주의적 사물 개념인 것이 아니라, 법학적 의미의 법적 규율의 대상으로 되는 구체적 생활관계라고 하는 법의 현실적 요소로서 파악되고, 또한 본성의 개념에 대한 고찰에서는 그것이 자연주의적으로 파악될 것이 아니라 규범적으로 파악되어야 하고, 그에 따라 그것은 구체적 자연법에 있어서의 자연 개념과 같은 것으로, 즉 법에 있어서의 이념적 요소로서 파악하였다. 그리고 양자의 종합으로서 사물의 본성 개념은 사물의 개념에서 본성의 개념을 도출해내고자 하는 법사유, 다시 말해 법의 현실적 요소에서 법의 이념적 요소를 도출해내고자 하는 법사유, 즉 총체적 법사유로서 파악될 수 있음을 살펴보았다. 이와 같이 총체적 법사고로서 논의되는 사물의 본성론은 종래의 추상적 자연법론과 형식적 법실증주의가 일면적인 법사유임을 지적하고, 사물의 본성에 따른 법사유가 진정한 의미에서 구체적 자연법론과 정법론으로서 논의될 수 있음을 다루었다. 또한 그것은 법소재의 집합개념으로서 논의되는 소극적 의미의 사물의 본성론에 머무르는 것이 아니라 그것을 넘어서 하나의 새로운 총체적 법사유로서 적극적으로 파악될 수 있음을 살펴보았다. 그리고 이러한 사물의 본성 개념과 관련하여 법이론적으로 문제가 되는 인간의 본성·사물논리적 구조·법이념의 개념에 대하여 살펴보면서 인간의 본성과 사물논리적 구조는 사물의 본성 개념에 포함되어 존재론적 소여를 이루고 있는 것으로 파악하고, 법이념은 그것이 사물의 본성과 밀접한 관련을 가지지만 추상적인 것이라는 점에서 구체적인 법이념으로서의 사물의 본성과는 구별된다는 사실을 살펴보았다.

이와 같이 총체적 법사유로서 파악되는 사물의 본성론은 그것이 구체적 현실관계에서 객관적 법이념을 도출하고자 하는 점에서 종래의 추상적 자연법론과 형식적 법실증주의의 법리에 대하여 다방면에서 비판을 가하면서 자신의 고유한 법리를 전개시켜 나가고 있다. 먼저 법의 존재론적 구조에 대한 고찰에서 살펴본 바와 같이 사물의 본성론은 종래의 법사유와는 많은 차이를 보이고 있다. 카우프만에 따르면 법의 존재론적 구조는 법본질과 법실존이라고 하는 양극적 구조를 가지는 것으로 파악되는데, 이러한 법의 존재론적 구조로부터 볼 때, 종래의 추상적 자연법론과 형식적 법실증주의는 각각 법본질과 법실존이라고 하는 법의 한 측면만을 고찰하는 일면적 법사유로 평가된다. 또한 법의 존재론적 구조를 법의 현실적 요소와 법의 이념적 요소로 파악하는 경우에도 종래의 추상적 자연법론과 형식적 법실증주의는 실제로 법의 현실적 요소를 무시하는 일면적인 법사유로서 나타난다. 구체적 법현실관계에서 객관적인 법이념을 찾고자 하는 사물의 본성론은 이러한 일면적인 법사고를 극복하고 법의 존재론적 구조에 충실한 총체적 법사유로서 자리매김된다.

이러한 총체적 법사유로서의 사물의 본성론은 종래의 법사유의 이론적 기초인 존재와 당위 이원론에 대한 이론적 극복을 시도하고 있다. 우리는 존재와 당위 이원론의 주장을 검토하면서, 존재와 당위가 서로 밀접한 상관관계에 있음을 밝히고, 그 논리적 관계가 아니라 오히려 인과적 관계의 해명이 필요한 것임을 밝혔다. 그리고 이러한 존재와 당위의 관계는 법에 있어서의 존재 개념에 대한 새로운 이해를 바탕으로 하여 이루어질 수 있는 것임을 밝혔다. 그것은 자연주의적 의미의 존재 개념이 아니라 가치관련적인 법학적 의미의 존재개념으로서 파악되어야 하며, 이러한 존재 개념을 바탕으로 하여 존재와 당위의 관계를 새롭게 파악하고 있는 마이호퍼의 사물의 본성론에 있어서의 사회적 역할과 상태의 사물논리적 구조, 즉 존재구조·의미구조·가치구조·당위구조를 자세히 살펴보았다. 이로써 사물의 본성론이 가치와 당위의 원리를 구체적인 현실과의 관련 속에서 파악하고자 하는 시도이며, 또한 존재와 당위 사이의 엄격한 이원론을 극복하기 위한 시도의 총합개념임을 살펴보았다. 그리고 이러한 존재에서 밝혀진 당위, 구체적 현실관계 속에서 밝혀진 객관적 법이념, 즉 총체적 법사유로서 파악되는 사물의 본성론은 구체적 자연법·정법·실질적 정의로서 논의될 수 있음을 고찰하였다.

또한 우리는 이러한 사물의 본성과 자연법·실정법과의 관계를 고찰함에 있어서, 먼저 사물의 본성과 자연법은 양자가 모두 법의 본질을 입법자의 의사에서 찾는 것이 아니라 입법자의 의사의 외부에서 찾는다는 점에서 공통하고 있으나, 자연법이 추상적인 법이념에 대한 탐구인 반면, 사물의 본성은 구체적 법이념, 즉 법에 대한 탐구라는 점에서 구분되는 것임을 밝혔다. 그리고 사물의 본성과 실정법의 관계는 법과 법률의 관계로서 논의될 수 있으며, 이러한 양자의 관계는 결국 법률에 대한 법의 상대적인 우위로서 파악될 수 있음을 살펴보았다. 그리고 사물의 본성과 실정법의 관계는 입법·법적용·법발견·법해석 등에 있어서 많은 법이론적 문제를 야기시키고 있으므로 이에 대한 엄밀한 고찰을 필요로 하며, 사물의 본성과 자연법·실정법의 관계는 법·법이념·법률의 관계에 대한 문제로 논의될 수 있으며, 이 때 사물의 본성은 자연법의 공허성과 실정법의 맹목성을 모두 보완할 수 있는 것으로 고찰하였다.

사물의 본성의 법원성 문제에 있어서는, 그것이 근대 법학에 있어서는 실정법의 내재적 보충원리로서 적용되었지만, 오늘날에 있어서는 실정법에 대한 외재적 비판원리로서 적용되는 것으로 보충적인 법원으로서의 효력을 가지는 것에 그치는 것이 아니라 실정법률 이외의 법원으로서의 효력을 가지는 것으로 보는 것이 타당하며, 이러한 기초 위에서 우리나라의 개별 실정법학에서 논의되는 조리의 법원성에 대한 문제를 고찰하여 보았다. 우리나라에서의 조리의 법원성에 대한 논의는 아직 법실증주의적 입장에 머물러 있음을 지적하고, 사물의 본성은 결코 보충적인 법원으로서의 의미를 가지는 것에 그치는 것이 아니라 실정법률 이외의 법원으로서 실정법에 대한 정당성 여부를 판단하는 외재적 비판원리로서의 의미를 가짐을 밝혔다.

그리고 사물의 본성론은 입법에 대한 제한적 원리라고 하는 의미를 넘어서, 입법자를 구속하는 원리로서 적용될 수 있으며, 이러한 사물의 본성에 반하는 법률은 그 자체로서 악법으로 평가될 수 있음을 고찰하였다. 또한 사물의 본성은 끊임없이 변화·생성하는 구체적 법현실관계를 반영하는 것이기 때문에 동적 개념으로서 파악되고, 이것은 정적 개념의 실정법률과의 괴리를 야기시켜 이것에 적응하지 못하는 실정법률을 악법의 소지가 있는 것으로 만들어버린다. 바로 이 때 사물의 본성과 실정법률 중 어떤 것이 우선할 것인가의 문제는 법과 법률의 충돌에서의 문제와 같은 것으로 되고, 이 문제의 해결은 결국 사물의 본성에 따를 것이 요청된다고 하였다.

법해석과 법발견에 있어서 사물의 본성은 개념법학적인 교의적 법해석을 지양하고 있는 것으로 나타난다. 개념법학적 법해석은 실정법률의 무흠결성을 그 전제로 하고 있으나, 실제 이러한 전제는 충족되지 못하는 것으로서 항상 법해석에 있어서는 법관의 법창조가 필연적으로 수반됨을 지적하였다. 그리고 이러한 개념법학은 법관의 자의를 배제하고자 하는 것이지만, 오히려 입법자의 자의에 구속되는 오류를 낳게 됨으로써 객관적인 법해석을 불가능하게 하고 있다. 객관적인 법해석은 일체의 자의, 즉 입법자의 자의와 법관의 자의 모두를 배제하는 것으로 그것은 사물의 본성에 의한 법해석에로 나아간다. 사물의 본성에 따른 법해석은 일체의 자의에서 벗어나 구체적인 현실관계에 충실하여 그것으로부터 합당한 법해석을 도출해내고자 하는 객관적·목적론적 법해석에로 향하고 있다.

이와 같이 사물의 본성론의 법리에 대한 고찰에서 밝혀진 것은 우선 그것이 법의 존재론적 구조에 충실하여 종래의 추상적 자연법론과 형식적 법실증주의의 이론적 기초인 존재와 당위 이원론에 대한 극복을 시도하면서, 종래의 법사유가 지니고 있는 일면성에 대해 비판을 가하고 총체적 법사유로서 자신을 전개해나가고 있다는 점이다. 바로 이러한 총체적 법사고를 가능케 하는 점에서 사물의 본성론의 현대 법철학적 의의와 기능이 있는 것이라고 할 수 있다. 그것은 구체적 자연법론과 정법론으로서 법사고에 있어서 정당한 법고찰을 가

틍케 해주며, 또한 종래의 법사회학과 법철학의 학문적 접근을 가능케 하여 법사회철학의 가능성을 시사해주고 있다.

그러나 우리가 논의하였던 총체적 법사유로서 사물의 본성론에는 아직 많은 과제가 남아 있다. 먼저 사물의 본성론이 일반적인 논의에서 나타나는 바와 같이 법소재의 집합개념이라는 의미를 넘어서 총체적 법사유로 파악하는 것이 현재의 법학적 상황 하에서 얼마만큼 설득력 있게 전파될 수 있는가 하는 것이다. 그리고 사물의 본성 개념에 있어서 본성의 개념을 구체적 자연법론에서의 자연의 개념과 동일한 것으로 파악하는 것을 얼마만큼 설득력 있게 제시할 수 있는가 하는 것이다. 이에 대하여는 우선 다음과 같은 말을 할 수 있을 것이다. 사물의 본성론을 현대 법철학에 있어서 중심적인 위치를 차지하는 하나의 새로운 법사유로 파악하고자 한다면, 그것은 실제 구체적인 현실관계 속에서 객관적인 법규범을 도출해내고자 하는 법사유로서 위치지워질 것이고, 그것은 또한 구체적이고 역사적인 법을 찾고자 하는 구체적 자연법론의 사고와 일치하는 것이라고 할 수 있을 것이다. 바로 이러한 점에서 사물의 본성론에 적극적인 의미를 부여할 수 있을 것이며, 사물의 본성 개념에서 본성 개념에 대한 새로운 이해를 통하여 사물의 개념에서 본성의 개념을 도출해내고자 하는 총체적 법사유로서의 가능성을 찾는 것이 어느 정도 정당화될 수 있을 것이다. 그러한 총체적 법사유로서 파악되는 사물의 본성론은 현대 법철학에 제기되는 많은 문제를 해결해줄 수 있을 것이다.

또한 총체적 법사유로서 파악되는 사물의 본성론에 있어서 과제로 남겨지는 것은 그것이 종래의 법사유에 대한 이론적 비판에서는 많은 장점을 보이고 있지만, 아직 그 자신의 내부적인 법리의 전개에 있어서는 더 많은 이론적 보충을 요하고 있다는 사실이다. 사물의 본성을 발견하는 구체적인 절차가 어떠한 것인지에 대한 세부적인 문제는 아직 자세히 해명되어 있지 않고 다만 총체적인 법사고가 사물의 본성에 따른 법사유를 통해서 비로소 가능하게 될 것이라는 골격만을 제시하고 있다는 것이다. 앞으로 이 문제에 대한 탐구가 계속되어야 할 것이다. 이 문제에 대해서는 존재논리—본질논리—개념논리로 전개되는 헤겔의 논리학의 방법이 하나의 가능성으로 제시될 수 있을 것이다.

마이호퍼의 "사물의 본성"

서론: 법철학과 법학의 역사에서 "사물의 본성" 사상

고대 자연법의 전성기와 마찬가지로 생생하게, 비판주의와 실증주의에 의해 사망선고 되었던 사물의 본성 사상이[1] 오늘날의 법이론과 법실무에 다시 나타났다. 그렇지만 사물의 본성 사상이 이와 같이 놀랍게도 재생했다고 생각하는 것은, 엄격한 방법이원주의의 중압 하에서, 이러한 사상이 2천년이라는 긴 역사를 가지고 있다는 비중감을 상실한 사람들에게나 해당되는 말일 뿐이다. 사물의 본성 사상은, 고대 이래로, 즉 그리스 철학의 "자연적 정의(physei dikaion)"[2] 이론과 로마 법학의 "物의 본성(rerum natura)"[3] 이론 이래, 서구의 정신을

---

1) 이 글은 1957년 10월 2－4일 사흘 동안 자브뤼켄에서 열린 세계법철학대회(IVR－Kongress)에서 행한 강연을 약간 보완하여 다시 펴내는 것이다. ARSP 43, S. 575 ff. 참조. 각주는 반드시 필요한 것에만 국한하였다. 여기에서 개괄적으로 강연했던 "사물의 본성"의 의미는 같은 제목의 글로 더 진척되고 있다.

2) 자연적 정의에 대하여는 E. Wolf, Griechisches Rechtsdenken, Bd. Ⅱ, Rechtsphilosophie und Rechtsdichtung im Zeitalter der Sophistik, S. 78 ff. 히피아스에 관한 항목과 S. 91 ff. 안티폰에 대한 항목을 참조하라. 소피스트인 안티폰에게서 "퓌지스"는 노모스에 대하여 보다 근원적인, 단지 사후적으로 "부가된" 법칙성이 아니라 "삶(Leben)" 자체에 "담지된 것"으로서 내재적인 법칙성의 "원천척인 근거(Quellgrund)"로 파악된다.

3) 이에 대하여는 G. Radbruch, Die Natur der Sache als juristischen

줄곧 지배해왔다. 다시 말해, 법철학과 법학과 같은 것이 존재한 이래, 서구의 정신을 지배해왔다고 할 수 있다.

중세에 사물의 본성 사상은 "물의 본성(rei natura)"[4] 혹은 "대상의 본질(natura objecti)"[5]로부터의 연역에서 신학적, 철학적 자연법 체계 구조의 두 기본 주축의 하나가 되었다. 모든 개별적 법사태의 구체적 자연법, 즉 제도는 "근본적으로" 사물의 본성에 근거하고 있다. 그에 반해 일반적 법원칙의 추상적 자연법, 즉 원리는 "인간의 본성"의 창조적 혹은 윤리적 본질규정으로부터 도출된다.

근대 초 과학화된 이성법의 자연법 체계가 자연법의 법전화와 더불

Denkform, Exkurs II: Rerum natura (zu Lukrez), in: Laun−Festschrift, 1948, S. 166 ff. 참조. R. Voggensperger, Der Begriff des Jus naturale im Römischen Recht, 1952, S. 85 ff. 파울루스 항목과 S. 100 ff. 가이우스 항목을 참조하라. 파울루스와 가이우스는 자연적 이성으로부터 법을 근거지움에 있어서 사물에 내재하는 사물의 본성을 지적하고 있다.

4) 무엇보다도 스콜라 철학의 전성기에 해당하는 토마스 아퀴나스는 법원칙에 대한 추상적 자연법 이외에 법사태에 내재하는 "사물의 본성(natura rei)"으로부터 나오는 구체적 자연법 사상에 대한 단초를 제공하고 있다. 토마스 아퀴나스는 아리스토텔레스와 더불어 그에 대한 근거를 "본성상(von Natur)" 성립하는 아내에 대한 남편의, 아이에 대한 부모의, 그리고 노예에 대한 주인의 "일치(adaequatio)"와 "상응(commensuratio)"에서와 같이, 존재자 상호간의 "적합성"과 "상응성"에서 찾고 있다. 이에 대하여는 Thomas von Aquin, Summa theological II−II, 57, Art. 2−4, Deutsche Thomas Ausgabe, Bd. 18, 1958, S. 8 ff. 그리고 Kommentar von Utz, S. 432 ff. 참조.

5) 스페인의 후기 스콜라 철학에 대하여 자세한 것은 E. Luño Peña, Historia de la filosofia del derecho, Bd. II, 1954, S. 89 ff. 참조. E. Wolf, Das Problem der Naturrechtslehre, Versuch einer Orientierung, 1955, S. 48.

어 사라진 후, 그리고 관념주의에 의해 수행된 이른바 자연법의 붕괴 이후, 영원불변의 절대적으로 타당한, 인간의 본성 혹은 이성으로부터 도출할 수 있는 법원칙에 대한 믿음은 사라져 버렸다. 그에 반해 법사태의 구체적 자연법에 기본적인, 오래된 자연법적 방법인 "사물의 본성 혹은 이성", 즉 물의 본성(rerum natura) 혹은 자연적 이성(naturalis ratio)으로부터 연역, 논증하는 방법은 전혀 손상되지 않고 과학적인 절차로서 판덱텐 법학의 법도그마틱과 또 그것을 지탱하고 있는 이른바 자연법 적대적인 역사법학파의 법이론에 그대로 넘겨졌다.6)

놀랍게도 오늘날 우리는, 그 요란하고도 또 확고했던 '자연법은 죽었다!' 라는 시대표어가 울려 퍼진 이후, 어떻게 그 반대로 자연법 사고가 모든 구체적 자연법의 근원을 지니고 있는 그 당시의 공통법적 학문인 로마 법학의 직접적인 관련 속에서 새로운 꽃을 피우게 되었는가를 잘 알고 있다. 자연법 사상의 숨겨진 그리고 침묵적인 영향은 19세기에도 18세기 못지 않게 강력했던 것이다. 당시의 법학과 법철학은 사물의 본성으로부터의 연역과 논증으로 가득 차 있었던 것이다.

사비니에게서조차 우리는, 그의 민족정신으로부터의 법생성론7) 이외에, 예컨대 — 사비니의 사상이 인간의 본성으로부터의 추상적 자연법 규정을 사물의 본성으로부터의 구체적 자연법 추론과 하나로 결합해 사고했다는 점을 통해 그 지도사상을 끝까지 사고했다는 점을

---

6) 판덱텐 법학이 취하고 있는 "은폐된 자연법(Kryptonaturrecht)"에 대하여
   는 F. Wieacker, Privatrechtsgeschichte der Neuzeit, 1952, S. 228 ff. 참조.
7) 이는 실제 구체적인 민족의 역사성에로 향한 자연법이론이다.

제외한다면 - 푸펜도르프의 자연법론과 구별되지 않는 사상을 발견하게 된다. 따라서 사비니와 그 당시에 사물의 본성은 마치 인간의 본성으로부터 나온 제도적 귀결이 된다. 오늘날 우리에게 "실존적"인 것으로 추정되는 방식으로, 사비니는 인간의 본성과 인간본성의 "자유와 존엄에 대한 윤리적 규정"[8])으로부터 출발하여 이러한 존엄의 보장으로서 개개 법제도, 즉 "이러한 자유의 본성과 규정으로부터 실천적 귀결을 통해 나오는 바로서 법제도를 통한 이러한 자유의 보호를 사물의 본성"이라고 명명하고 있다.[9]

그렇게 본다면 사실상 법은 사비니의 유명한 말과 같이, "자기자신을 위해서는 어떤 의미도 없고, 그 본질은 오히려 특별한 측면에서 바라본 인간의 삶인 것이다."[10) 다시 말해 타인에게로 향해진 법의 제도적 구체화의 외적 측면에서 바라본 인간의 삶인 것이다. 이러한 "생활관계"에 대해서는 오늘날 사물의 본성을 둘러싼 모든 논의에서 반복되어 나타나는 데른부르크의 다음과 같은 말이 주장된다: 생활관계는 "비록 다소 정도의 차이는 있긴 하지만, 자기자신 속에 그 척도와 질서를 내포하고 있다. 이와 같이 사물에 내재하고 있는 질서를 사물의 본성이라 부른다. 실정규범이 결여되어 있거나 혹은 실정규범이 불완전 또는 불명확한 경우, 사려깊은 법률가는 이러한 사물의 본

---

8) 푸펜도르프가 말하는 인간의 자유와 존엄에 대한 오래된 근본규정을 생각해볼 수 있을 것이다. Pufendorf, De iure naturae et gentium, Ⅱ, Kap. I, 5 und Ⅱ, 1.

9) F. C. von Savigny, System des heutigen römischen Rechts, I, 1840, S. 55.

10) Savigny, Vom Beruf unserer Zeit für Gesetzgebung und Rechtswissenschaft, 3. Auflage, 1892, S. 18.

성에로 되돌아가지 않으면 안 된다."11) 마찬가지로 예링도 그의 "법률적 구성의 자연사적 방법"에 대해, 사물의 본성이라는 표현만큼 그의 "직관을 명실상부하게 충실히 나타내주는 표현은 결코 존재하지 않는다" 라고 고백하고 있다.12)

19세기 말의 극단적인 실증주의에서 비로소 베르크봄의 조소가 일반화되기 시작했다. 베르크봄은 최초로 다음과 같이 비웃었다: "여전히 사람들은 사물의 본성으로부터 거기에 있지도 않은 법규범을 강제로 끄집어 내고자 한다."13) 그 이후에야 비로소 사물의 본성 개념은 자연법적이라고 비난되고 마침내 "순수법이론"의 순수주의에서는 비과학적이라고 표현되기에 이르렀다.

그러나 어느 정도의 역사적 간극을 두고 볼 때, 오늘날 우리에게는 이와 같이 학자들을 꼭두각시로 만들어 버리고 법관들을 자동기계로 만들어 버린 실증주의의 법이론과 법철학은 좋은 법률에 대한 기만적 안정성과 좋은 입법자에 대한 기만적 믿음에 무게가 주어졌던 시기의 간주곡으로, 또한 동시에 실질적 내용에 대한 공허 때문에 자기 자신을 리바이어던에게 넘겨줘버린 시기의 - 이 시기는 "법률은 법률이다"라는 말과 함께 결국 내적, 외적 유보없이 순수한 권력질서로 변질해버린 국가주의에 내맡겨져 버렸던 시기이다 - 전주곡으로 보인다. 입법자 자신을 통해 불합리하게 행해진 법률실증주의에 대한 이러한 믿음의 동요는 신칸트학파의 방법이원주의에 기초하여 불가

---

11) Dernburg, Pandekten, I, 5. Auflage, 1896, S. 87.
12) Geist des Römischen Rechts, 3. Auflage, 1872, S. 370 ff. und S. 388.
13) Jurisprudenz und Rechtsphilosophie, Bd. I, 1892, S. 353.

피하게 상대주의와 실증주의에로 이르러갔던 이데올로기적인 법이론을 취했던 라드브루흐와 같은 신중한 사상가조차도 그의 법철학적 입장의 심연에로 몰두하게 했다. 라드브루흐의 사물의 본성은, 지난 반세기 동안 가장 절박한 주제에 대한 이와 같은 표현은,[14] 오늘날 여기에서 수행되었던 변화를 모범적으로 우리에게 보여주고 있다.

1. 생활관계의 "의미"로서 "사물의 본성"에 관한 현대의 이론

라드브루흐는 바이마르 시대의 실증주의 최전성기에 발간한 그의 『법철학』에서 법소재 속에 놓여 있는 사물의 본성을 우선 법이념이 현실 속에 제대로든 그렇지 않든 적응되지 않으면 안 될 법소재의 단순한 속성으로 파악하고 있다. 마치 예술적 이념이 청동에 실현되느냐 아니면 대리석에 실현되느냐에 따라 달라지듯이, "예술적 이념이 소재에 적응되는" 것처럼 파악하고 있다.[15] 라드브루흐에게서 사

---

14) 이것은 특히 다음과 같은 라드브루흐의 글들에서 잘 나타나 있다. Rechtsidee und Rechtsstoff, Kant−Festschrift des Archivs für Rechts−und Wirtschaftsphilosophie, 1924, S. 343 ff.; La natura della cosa come forma giuridica di pensiero, Rivista Int. d. Filosofia d. Diritto, 1941, S. 1 ff.; Die Natur der Sache als juristische Denkform, Laun−Festschrift, 1948, S. 157 ff.; Rechtsphilosophie, 5. Aufl., 1956, S. 98 f., 120 und 127; Vorschule der Rechtsphilosophie, 1948, S. 19 ff.
15) Rechtsphilosophie, S. 98.

물의 본성은, 라스크에게서와 마찬가지로, 단순한 "법이념의 소재규정성",16) 즉 법이념의 "순수한" 실현에 세속적 한계를 긋는 법소재 속에 놓여 있는 소재의 속성으로 파악되고 있다.

　마치 조각가가 형태없고 내용없는 무정형의 소재인 – 그 속에 "모든 가능성"을 구현시킬 수 있는 – 대리석 덩어리에다 그의 예술적 이념을 새겨 넣는 것처럼, 라드브루흐에게서 법소재는 형태와 내용, 의미와 가치를 오로지 법이념으로부터만 얻게 된다. 이러한 법이념은 법소재 속에 현실화하기 위해 실질화된다. 따라서 법률가는 마치 자유롭게 형태를 만들어가는 예술가가 된다. 그들에게서는 현실에서 불가능한 것도 곧잘 이념에서는 정당한 것으로 타당할 수 있다. 바로 그 때문에 라드브루흐가 그것에 대해 그 당시 괴테의 말을 인용하고 있는 것은 결코 우연이 아니다: "불가능을 갈구하는 자를 나는 사랑한다!"17) 그러한 해석에 따르면 현실은 이념에 대해 모든 고유한 의의와 가치, 모든 고유한 의미와 비중을 상실하게 된다.

　하이델베르크 학파의 엄격한 방법이원주의와 더불어, 라드브루흐는 또한 동시에 인식비판적으로 사물의 본성에 대한 모든 과학적 경험가능성을 부인하고 있다. 라드브루흐에게서 사물의 본성에 대한 경험은 "직관의 우연"일 뿐이다. 비유하자면, 소재 속에서 예술적 이념을

---

16) 이 점에서 에밀 라스크에 대한 분명한 연결을 확인할 수 있다.
　　Rechtsphilosophie, S. 98; Vorschule, S. 21.
17) Rechtsphilosophie, S. 97; 그에 비해 『법철학입문』에서는 법정책을 "가능성의 기술"로 표현하고 있다. 여기에서 라드브루흐는 다음과 같이 말하고 있다: "'불가능을 갈구하는 자를 나는 사랑한다'는 것은 어쨌든 법철학과 법정책의 구호로 제기될 수는 없다." Vorschule, S. 21.

환상적으로 직관하는 것, 즉 이념화된 직관에 지나지 않을 뿐이고, 과학적 인식방법에 대해서는 아무런 쓸모가 없다.[18] 라드브루흐는 "방법적 인식에서", 켈젠과 마찬가지로, "당위명제는 여타의 다른 당위명제로부터만 연역적으로 도출될 뿐, 존재사실에 기초하여 귀납적으로 근거지워질 수 없다"라는 도그마에 머물러 있다.[19]

그러나 라드브루흐는 사물의 본성 사상에다가 이미 그 당시에 ― 대개 이 점이 간과되고 있는데 ― 그의 정의에 관한 이론에서 특별한 지위를 부여하고 있다. 마치 추상적, 구체적 자연법을 연상케 해주는 **정의,** 즉 일반적 원칙으로부터 정당한 법을 연역적으로 전개해 나가는 것과 **형평,** 즉 개별 사례의 정의의 구별로부터 출발하여, 라드브루흐는 형평을 분명하게 "사물의 본성으로부터 정당한 법을 직관적으로 인식하는 것"이라고 규정하고 있다.[20] 사비니와 마찬가지로 라드브루흐는 이로써 자연적 이성(naturalis ratio)과 형평(aequitas)을 서로 동일시하고 있다.[21] 그러나 라드브루흐는 형평에다가 다음의 경우에만 법적 가치를 인정하고 있다. 개별 사례에서 발견된 법칙이 정언명령의 사유조작에 상응하여 "일반법칙"으로 상승될 수 있을 때에만 형평에다 법적 가치를 인정하고 있다.[22]

---

18) Rechtsphilosophie, S. 99.
19) Rechtsphilosophie, S. 99.
20) Rechtsphilosophie, S. 127.
21) Savigny, System I, S. 116; 반대의 입장으로는 B. W. Leist, Die realen Grundlagen und die Stoffe des Rechts, 1877, S. 4 ff.
22) Rechtsphilosophie, S. 127; "보편적이어라!(Werde allgemein!)"라는 정언명령의 의미에 대하여는 Maihofer, Vom Sinn menschlicher Ordnung,

라드브루흐는 이로부터 필연적인 논리적 귀결을 이끌어내지 않는다. 보다 철저히 사유한다면, 도처에서 그렇게 확고하게 제시되었던 그의 상대주의적·실증주의적 법의 가치철학이 서 있는 도그마틱적·방법적 기초에 대한 자기지양에로 이르러갔을 사상의 착안점에 그대로 머물러 있다.

오늘날 우리를 놀라게 하는 것은 라스크처럼 법의 소재를 예컨대 조각가의 물질적 소재와 "기본적으로" 동일시하는 것에 대한 의문성을 라드브루흐가 그 당시에 전혀 의식하지 못했다는 사실이다. 구체적인 실질문제에 대한 개개의 법적 작업은, 법의 소재가 형태도 생명도 없는, 그 자체 의미도 가치도 없는 있는 그대로의 재료에 불과한 순수하게 물질주의적인 소재와는 기본적으로 상이하다는 통찰에 이르러간다. 이러한 순수한 자료는 소재 속에 심미적 이념을 구현함으로써 비로소 실제로 그 형태와 의미 그리고 가치를 획득한다.[23]

일상적인 상식에 따르면 법의 실천적 이념에 대한 현실성과 이념성의 관계는 오히려 우리에게 정반대로 나타난다. 우리는 법적 이념을 예술적 이념처럼 "소재" 속에다 집어 넣는 것이 아니라, 오히려 소재로부터 끌어내야만 한다. 라드브루흐가 생각하듯이, 미켈란젤로의 예에서처럼, 우리는 가능한 다비드를 대리석 조각 속에다 집어넣는 것이 아니라, 오히려 대리석 조각으로부터 현실적인 다비드를 끄

1956, S. 17 ff.
[23] 라드브루흐에게서 그것은 마치 결정적인 고유구조를 갖추지 못한 형체 없는 물질이다. 이러한 형체 없는 물질에게는 의미와 가치가 그 자신 속에 "그 자체로서" 심겨져 있는 것이 아니라, 단지 유명론적으로 외부로부터 부가되는 것에 지나지 않는다.

집어내야 할 과제를 가진다.

그렇다면 법은 이와 같이 현실로부터 이념을 관념주의적으로 끌어내리거나, 이념으로부터 현실을 물질주의적으로 비워내는 것과는 정반대의 과제를 가지는 것은 아닌가? 다시 말해, 법은 사물의 본성 속에 그 자체 이미 존재하는 형태와 내용을 (정신으로부터 자기 자신을 완성하는) 법의 질서 속에서 정신적 현실로 제기하고, 그 속에 내재하는 의미와 가치 속에서 의식의 차원으로 나타내야 하는 과제를 가지는 것은 아닌가?

라드브루흐가 그의 엄격한 방법이원주의에 입각한 가치상대주의와 더불어 어쩔 수 없이 가치상대주의에 의해 학문적으로 함께 근거 지워진 법실증주의에 마주하게 되었을 때, 이와 유사한 의문들이 라드브루흐를 사로잡았을 것이다. 법실증주의에서는 비록 사물의 이성, 사물의 본성에 심히 모순된다고 하더라도, 모든 것이 동등하게 타당하고 동등하게 가능하다.

사물의 본성을 (단순한) 법이념의 소재규정성에로 관념주의적으로 공허화하는 것은 언제나 이상이나 이데올로기의 이념으로 현실에 대한 일체의 폭력을 위한 사상적 길을 열어준다는 사실을 라드브루흐는 인식하지 않을 수 없었다. 그래서 우연치 않게 라드브루흐의 마지막 생애에서 사물의 본성에 대한 사고가, 비록 라드브루흐는 그 최종적인 방법적, 체계적 귀결을 더 이상 이끌어낼 수는 없었지만, 그의 신칸트주의라는 철학적 입장의 근본적 전환에 대한 핵심점을 이룬다. 이와 같은 라드브루흐의 마지막 사고에 대한 심사숙고는 사물의 본성이라는 우리의 물음에서 본보기의 의미를 가지며, 그 이래로 계속 오늘날까지 제자리를 맴돌고 있는 이 주제에 대한 논의의 최종적 상태를 잘 보여준다.

1) "법이념에 관련된 생활관계의 의미"로서 "사물의 본성"의 법철학적 의미 (라드브루흐)

라드브루흐는 항상 새롭게 자신의 사유를 전개함에 있어서 결국 사물의 본성을 "법이념에 관련된 생활관계의 의미로서"[24] 인정하기에 이르렀다. 라드브루흐는 더 근본적으로 "존재에서 실현된 당위, 현실 속에 나타난 가치"[25]로 이를 표현하고 있다.

라드브루흐는 "직관의 우연"이 아니라, 엄격하게 합리적인 연역의 방식으로, 다시 말해 개별적 생활관계를 그 법률적 의미에로 환원하는 방식으로, 사물의 본성의 원칙적인 인식가능성을 주장한다. 이는 곧 사유 속에서 생활관계를 법적으로 중요한 구성부분으로 나누고, 이러한 구성부분들을 결합하여 살펴봄으로써, 그때그때마다 법제도의 전형(Typus), 즉 "개별적 우연성들을 순화하고 논리일관되게 철저히 구성되는 현실의 이념적 도식"을 획득하는 방식으로,[26] 이미 실러가 사물의 본성의 분석과 종합에서 요구한 바 있는, "단순히 우연적인 것으로서 고찰되거나 사유에서 버려질 수 있는 일체의 것들을 그 본질을 지양하지 않으면서" 현상에서 분리하는 것과 같은 의미이다.[27] 라드

---

24) Natur der Sache, S. 162.
25) Natur der Sache, S. 172, Exkurs V über die "Juristische Konstruktion" 참조.
26) Natur der Sache, S. 172.
27) 이에 대하여는 Radbruch, Natur der Sache, S. 166, Exkurs I über Schiller

브루흐는 그러한 "법률적 구성"의 방식으로 획득한 생활사태의 사유적 도식 속에서, 즉 생활사태의 본질적이고 필연적으로 속하는 것 속에서 막스 베버의 의미에서 법제도의 "이념형"을 바라본다. 이러한 법제도의 이념형 속에서 "본질적인 것, 경험적 현상의 의미 그리고 사물의 본성이 파악된다".28) 이와 더불어 사물의 본성은 본질필연적으로 사태에 속하고, 존재규정의 사유필연적인 최소한으로 동일시된다.

그러나 그러한 사유는 근본적으로 모든 칸트주의에게 자신의 입장을 스스로 포기하는 것을 뜻하지 않을 수 없는 오래된 전제조건에로, 즉 "사유와 존재는 동일하다"라는 파르메니데스의 명제에로 되돌아간다. 여기에서는 결국 은연중에 필연적으로 그렇게 생각할 수밖에 없음 내지 달리 사유할 수 없음이 필연적으로 그렇게 존재할 수밖에 없음 내지 달리 존재할 수 없음과 동일시된다.

적어도 라드브루흐와 같이 법률적 구성의 방식으로 매개되는 생활관계의 의미를 사유를 통해 이러한 소여의 덧붙여진 것으로서 이해하는 것이 아니라, 분명하게 "존재의 측면에서 소여의 의미로서" 파악된 어떤 무엇으로 이해하는 한, 이와 같은 사실은 어쩔 수 없는 일이다.29) 그러나 이러한 사실이 가능하려면, 우리가 사유를 비판주의에 의하여 갈라진 인식하는 주체와 인식되는 객체 사이의 심연을 건널 수 있는 다리로서 파악할 것이 전제된다. 이와 더불어 사물의 본성으로부터 학문적 연역의 방법이 열리게 되고, 또 직관 속에서나 이

---

und Goethe 참조.
28) Natur der Sache, S. 172.
29) Vorschule, S. 21.

러한 심연을 건너뛰는 데 성공하는 행운이 더 이상 문제되지 않는다.

그러나 이것이 뜻하는 바는 사물의 본성이라는 사유 속에서 단지 객체(존재)와 주체(의식) 사이의 가교만이 아니라, 존재와 당위, 즉 존재로부터 요구된 당위와 의식으로부터 요구된 당위 사이의 가교도 동시에 놓인다.

라드브루흐는 그의 이론이 가지는 이와 같은 묵시적인 전제조건을 언급하지도 않았고, 또한 이로부터 나오는 필연적인 논리적 귀결도 이끌어내지 않았다. 엄격한 합리적 구성의 방식으로 존재의 측면에서 소여의 의미를 파악하는 가능성을 분명하게 인정하고 있음에도 불구하고, 라드브루흐는 그의 『법철학』 신판의 공개하지 않은 후기에 이르기까지 계속 방법이원주의에 머물러 있다.[30] 주어진 법소재의 의미 부합적 형성에 대한 학문적으로 증명할 수 있는 요청이 사물의 본성으로부터 나온다는 사실을 인정하고 있음에도 불구하고, 라드브루흐는 마지막까지 존재의 세계와 당위의 세계라는 이원주의에 머무르고 있다.[31] 오늘날 우리에게 매우 흥미로운 사실은, 이와 같이 불가피하게 보이는 귀결에도 불구하고, 라드브루흐가 여전히 망설이면서 우리

---

30) 이에 대하여는 『법철학』 제5판의 편집자인 에릭 볼프의 서문을 참조. Rechtsphilosophie, S. 12. 그 후에 라드브루흐는 후기에서 방법이원주의와 상대주의에 대하여 다음과 같이 말하고 있다: "이 두 사고는 그 사이에 변하기는 했지만 그럼에도 여전히 주장되고 있다."

31) Vorschule, S. 21. 여기에서 라드브루흐는 유일하게 다음과 같은 고백에 도달하고 있다: "사물의 본성은 가치와 현실, 당위와 존재 사이의 엄격한 이원주의를 완화하는 데 기여하지만, 그것을 지양하지는 못한다." 이에 대해서는 『법철학』 제5판의 편집자인 에릭 볼프의 서론을 참조. Rechtsphilosophie, S. 70 ff.

에게 제시한 법이론적 근거가 과연 끝까지 견딜 수 있는가 하는 문제이다. 바로 자연법이냐 법실증주의냐 하는 물음이 결정적이다.

왜냐하면 우리는 사물의 본성으로부터의 연역을 현행법의 타당한 성립방식으로서 승인하지 않을 수 없기 때문이다. 실정법이 이러한 길을 지시하고 있거나 그 여지를 남겨두고 있다면, "사물의 본성이라는 사유형식"은 실정법의 "法源" 또는 "해석의 보조수단"이라는 기능보다 훨씬 더 근본적인 기능을 가지게 된다.

2) "법률 해석과 이해의 마지막 수단"으로서 "사물의 본성"의 법이론적 의미 (라드브루흐)

라드브루흐는 그의 사물의 본성에 관한 이론의 법이론적 귀결들에 대해 하나씩 논의한다. 사물의 본성으로부터의 연역이 실정법에 대해 가지는 구속성에 대한 물음에서 라드브루흐가 내놓은 법이론적 답변은, 그가 사물의 본성을 생활관계의 "존재에서 실현된 당위"로서 법철학적으로 파악한 점을 고려해 볼 때, 우리를 놀라게 한다.

사물의 본성으로부터의 연역을 "추상적 형태의 입법자"에 대한 원용으로까지 해석하고 있음에도 불구하고, 라드브루흐는 이러한 입장을 취하고 있다.32) 그 까닭은 라드브루흐에게서는 "생활관계의 규율에 있어서 구체적 입법자에 의해 의도된 이념이 입증될 수 없을 때에만" 그와 같은 원용이 허용되기 때문이다.33)

---

32) Natur der Sache, S. 163.
33) Natur der Sache, S. 162 f.

라드브루흐는 마지막까지 사물의 본성이라는 사유형식에, "그로부터 매개되는 생활관계의 의미와 그러한 의미가 기초하고 있는 이념이 법률의 정신과 모순되지 않는 한에서", "법률 해석과 흠결 보충의 수단"이라는 기능, 즉 "법률 해석과 완성의 마지막 수단"만을 인정한다.34) 그와 더불어 라드브루흐는 법률과 사물의 본성 사이의 모순이 존재할 경우, 오래된 실증주의적 해답에 머무른다. "세상에 종말이 오더라도, 정의는 이루어져야 한다."

이로써 결과적으로 "法源이 사물의 본성에 명시적으로 혹은 묵시적으로 여지를 인정한 경우에 한에서만" 사물의 본성은 효력을 가진다. 라드브루흐가 실증주의에 일반적인 법이론과 일치하여 오늘날까지 설명하고 있는 바와 마찬가지로, 사물의 본성은 "독자적인 힘으로 타당하는 어떤 무엇이 아니며, 결코 독자적인 法源이 아니다".35)

라드브루흐는 매우 단호한 법철학적 언명에 비추어볼 때 이와 같은 겸손한 법이론적 결과를 다음과 같은 실증주의적 도그마로 정당화한다. 사물의 본성은 그것이 "법률의 정신"과 모순되지 아니할 때에만 실효성을 가진다. 이른바 법률의 정신이 사물의 이성 또는 사물의 본성과 충돌할 때에는, 법률에서 그르친 당위가 존재에서 실현된 당위보다 우위를 가지지 않으면 안 된다. 그러나 라드브루흐는 다른 곳에서 개개의 "구체적 입법자"가 따르는 지도사상을 스스로 법이념 또는 "불가분적으로 법이념 속으로 녹아 들어간" 사물의 본성36)으로

---

34) Natur der Sache, S. 162.
35) Natur der Sache, S. 162.
36) Natur der Sache, S. 163.

표현하고 있다.

우리는 사물의 본성에 대한 법철학적 의미의 근본적인 전환에 비추어 볼 때 이와 같은 미온적인 법이론적 추론에 대해 심한 불만과 유감을 느낀다.

이것이 이 문제에 대한 마지막 말이어야 하는가? 지금까지 행해진 연구들, 즉 사물에 내재하는 질서로서 "사물의 본성"을 정의하는 데 른부르크의 입장이나 (코잉도 마찬가지이다[37]) "법이념과 관련된 생활관계의 의미"로 사물의 본성을 파악하는 라드브루흐의 입장 (페히너도 마찬가지이다[38]) 그리고 가장 최근의 연구에 속하는 "사물의 본성의 법이론적 문제"에서 나타난 슈트라텐베르트의 입장까지[39] 모두

---

37) 코잉은 "사물의 본성" 개념을 "인간의 본성" 뿐만 아니라, 그것을 넘어서 "인간의 개별적 활동영역과 공동체에 고유한 독자적인 사물법칙성"을 그 자체에 포함하는 것으로 파악한다. 그와 더불어 코잉은 결국 "사회적 사물의 일반적인 질서 관념에로 확장되는" 듯한 인상을 준다. Coing, Grundzüge der Rechtsphilosophie, S. 119 und S. 122.

38) Fechner, Rechtsphilosophie, 1956, S. 147.

39) 슈트라텐베르트는 "사물의 본성"에 대한 그의 해석에서 일반적인 근본 사태로는 벨첼의 "사물논리적 구조"라는 개념을, 그리고 그에 반해 개별적인 생활사태로는 라드브루흐, 코잉 그리고 페히너가 사용하는 개념들을 기초로 삼아, 그것과 함께 앞서 주어지는 영역에서 모든 "사물논리적 통찰"의 상대성을 입증하고자 하는 시도를 행하고 있다. 슈트라텐베르트에 있어서 이러한 "사물논리적 통찰"의 상대성은 법률에 구속력 있게 확정된 입법자의 "가치관점"으로부터 자연스럽게 발생하게 되는 변화하는 가치관점으로부터 나오는 것이다. 그것은 서남독일학파의 의미에서 일관된 가치상대주의에로의 회귀를 뜻한다. 이러한 입장에 따르면 라드브루흐와 함께 다수의 가능한 가치관점과 상대적으로 동등하게 효력을 가지는 가치관점이라는 도그마로부터 출발하여 더 이상 "사물"

이러한 사실을 입증해주고 있다.

일반적인 관념주의적 내지 가치철학적 사고과정의 익숙한 방식을 토대로 이러한 물음은 실제로 라드브루흐에 의해서 인상적으로 추진되어 도달했던 그 자리로부터 더 이상 나아가지 못하고 있는 듯하다.

이하에서 우리는 다른 "방향"에서 적어도 암중모색의 발걸음을 한 발 더 내딛는 시도를 행하고자 한다.

2. 생활사태의 "본질"로서 "사물의 본성"

지금까지의 사유과정의 마지막에 제기되었던 물음을 다시 한번 제기해보자. 때로는 "법률의 정신", 때로는 "법의 이념"에 대립되기도 하고, 또 이들과 동일시되기도 하는 이와 같은 "사물의 본성"은 도대체 무엇인가? 사물의 본성으로부터 법을 연역하고 정당화하는 일은 어디로 이르러가는가? 실정적 법제정의 이편 또는 저편의 영역인가? 자연법에로 이르러가는 것은 아닌가?

이 물음이 우리를 이끌고 가는 방향을 우리가 좀 더 명확하게 인식할 때까지, 우리는 우선 "사물 자체"로부터 나오는 여타의 모든 연역과 논증을 조심스레 분리하고자 한다. 이들은 다의적인 사물의 본

이 아니라, 입법자가 그에 대한 정당성을 결정하게 된다. 이에 대하여는 Stratenwerth, Das rechtstheoretische Problem der Natur der Sache, 1957, S. 8, 20, 27 ff.; 결과에 있어서 마찬가지로 Weischedel, Recht und Ethik, 1956, S. 6 ff. und S. 10 ff.

성 개념 아래에서 완전히 다른 목적을 추구하고 있으며, 처음부터 우리를 잘못된 길로 이끌 수 있다.

사물의 본성으로부터 나오는 연역과 논증은 실정적 법제정 바깥의 어떤 무엇으로부터 실정법의 당위명제를 도출하고자 하는 시도이다. 이는 최고의 법원칙으로부터 추상적 자연법을 연역하는 방식이 아니라, 법소재에 놓여 있는 법사태 자체로부터 모든 시대의 구체적 자연법을 연역하는 방식이다. 이와 더불어 그것은 실정법의 당위명제를 다른 일반적인 당위명제 위에서 근거지우는 것이 아니라, 라드브루흐가 말했듯이, "존재에서 실현된 당위" 자체에로 되돌아가는 것이다.

따라서 개념법학에서 즐겨 사용했던 법개념의 논리적 존재 또는 법체계의 체계적 연관으로부터 법명제를 도출하는 일체의 방식은 우리 연구로부터 분리되지 않으면 안 된다. 이러한 방식은 소유 또는 점유, 계약 또는 약속의 본질로부터 나오는 연역이라고 즐겨 치장하지만, 그러나 그 속에는 간접적인 형태로 매우 빈번하게 법사태로부터 나오는 연역 자체가 논리적 또는 체계적 추론 하에 감추어져 있다. 왜냐하면 법사태는 아돌프 라이나흐가 생각하는 것처럼, 수학적이고 기하학적인 "구조물"에 비교할 수 있는 내적 관조 속에서 경험할 수 있는 존재내의 "특수한 법적 기본개념"인 것이 아니라,[40] "우

---

40) 라이나흐는 다음과 같이 주장한다: "법적 구조물은 … 예컨대 청구권과 구속력은 주택이나 나무들처럼 그 독립적인 존재를 가지고 있다. 후자에 대해서는 우리가 감각적 지각과 관찰의 행위 속에서 바깥의 세계로부터 취할 수 있는 모든 것이 그대로 타당하다. 그러나 법적 구조물에 적용되는 명제들은 완전히 다르다. 여기에서는 우리가 그 앞에 서고 그로부터 우리가 일체의 사태를 도출할 수 있는 어떤 세계도 존재하지 않

리가 그 앞에 서 있는, 세계내의" 사태이다. 다시 말해 법사태는 법 "구조물"이 아니라, 한마디로 생활사태이다.

사물의 본성 개념에서 고유하게 문제되고 있는 사물의 새로운 의미에 해당하는 이와 같은 생활사태란 도대체 무엇인가?

1) 주관성(인간)과 객관성(세계) 사이의 사건 복합체로서 생활사태

생활사태는 세계내 "사건의 복합체"이다.[41] 이는 고립된 사물 또는 대상으로 이해되는 그러한 사물이 아니라, 주관성(인간)과 객관성(세계) 사이의 인간생활의 복잡한 사태를 뜻한다. 달리 말해, 생활사태는 세계에 대한 인간행동의 방식, 즉 세계내 존재의 방식을 뜻한다. 이를 기획하고, 보호하며, 필요한 경우 관철하는 일이야말로 모든 법과 도덕 질서의 중심과제이다.[42] 그러한 생활사태로서 우리는 매매, 임대, 절도, 사기를 접하게 된다. 이 모든 것은 적극적 및 소극적 또는

는다. 여기에서는 더 심오하고 다른 명령의 가능성이 우리에게 주어진다. 우리가 이러한 구조물의 본질에 침잠함으로써, 우리는 무엇이 그로부터 엄격하게 법칙적으로 요청되는지 통찰하게 된다. 수와 기하학적 구조물의 본질에로의 침잠에 의한 것과 마찬가지로, 유사한 방식으로 우리는 그 연관성들을 파악하게 된다." A. Reinach, Zur Phänomenologie des Rechts, Neuauflage der Apriorischen Grundlagen des Bürgerlichen Rechts, 1953, S. 14 f.

41) 이에 대하여는 Maihofer, Vom Sinn menschlicher Ordnung, 1956, S. 41 ff. 참조.

42) 이에 대하여는 Maihofer, Recht und Sein, 1954, S. 125; Vom Sinn menschlicher Ordnung, 1956, S. 52 참조.

긍정적 및 부정적 기획으로 이루어진, 인간과 세계 사이에서 발생하는 모든 사건들의 방식, 다시 말해 본래적으로 또는 비본래적으로 해석되는 인간의 공존방식이다. 그에 반해 이들로부터 끄집어낸 행위－불법－책임－형벌과 같은 일반적인 기본사태는 이미 사유의 추상물이다. 우리는 이들의 "사물논리적 구조"를 예컨대 형법이나 민법의 일반 이론에서 파악하고자 하며, 또 우리는 이러한 사유의 추상물을 가지고 이 모든 법사태의 일반적인 구조를 파악하고자 한다.[43]

따라서 사물의 본성에 대한 사유에서 문제되고 있는 사물이란 세계 내에서 우리가 마주치는 생활사태라는 점을 우리는 알 수 있다. 이제 우리 연구에서 결정적인 물음이 제기된다. 이와 같은 생활사태의 본질에 대해서 우리가 말하고, 또 그 위에서 우리의 법명제를 근거지우고자 하는 그 "본질"이란 도대체 무엇을 의미하는가?

2) 자연사실로서 생활사태의 자연법칙성 (물리적 존재)

인간세계 내에서의 사건방식인 이러한 모든 생활사태는 두 가지 차원에서 이루어진다. 이러한 생활사태는 언제나 물리적이고 심리적인 측면을, 즉 존재적 측면을 갖고 있다. 이들은 일정한 자연법칙성

---

43) 이러한 공동의 모든 근본사태들은 단지 구체적인 실질적 내용을 사유에서 배제함으로써만 예컨대 사기행위 혹은 매매행위로서, 이러한 모든 인간 행태의 방식에 기초로 놓여 있는 형식적 도식으로서 파악될 수 있다. 일상성의 생활세계에서 현실적인 것은 단지 사기 혹은 매매일 뿐이지, "행태 일반"은 아니다. 따라서 형식적이고 일반적인 (추상적인) "사물의 본성"과 실질적이고 특수적인 (구체적인) "사물의 본성"이 존재한다.

에 따라 수행되는 자연사실이다. 실증주의조차도 여기에 놓여 있는 이미 우리 앞에 주어져 있는 현실, 즉 "소여(données)"44)를 "입법의 실재(Realien der Gesetzgebung)"로서45) 부정할 수 없다. 예컨대 임신기간과 같은 자연적으로 주어진 경과 과정을 법명제에서 무시하는 입법자는 사실상 실제 사태를 그르친 것이며, 자연에 반하고 따라서 법에 반하는 규율을 만들어낸다. 로마법학이 즐겨 원용하는 자연사실의 자연법칙성으로서 이해되는 물의 본성(rerum natura) 이론 이래 여기에 놓여 있는 법사태의 사물법칙적 선험성에 대해서는 어떠한 의심도 제기되지 않는다. 이와 같은 "생활관계의 사실적 본질"과 자연주의적으로 파악된 "물리적" 법칙성을 토대로 선험적 법이론을 근거지우려는 부르크하르트 빌헬름 라이스트의 시도는,46) 그와 같은 "순수한" 자연사실과 물리적 존재로부터 나오는 자연법칙성이라는 토대가 "관계의 본질과 실정적 법제정의 내용의 대립"에 있어서 얼마나 좁은가를 잘 보여준다.47) "법의지가 창조하는 것이 아니라, 단지 수정하거나 거부"할 뿐인 "실정적 법제정의 저편에" 있는 어떤 무엇을

---

44) 이에 대하여는 F. Gény, Science et technique en droit privé positif, Ⅰ, 1922, S. 96 f. und Ⅱ, 1915, S. 370 f.

45) 이에 대하여는 E. Huber, Über die Realien der Gesetzgebung, in: Zeitschrift für Rechtsphilosophie, 1914, S. 39 ff. und in: Recht und Rechtsverwirklichung, 1921, S. 281 ff.

46) 그에 대해 비판적인 논의로는 Reinach, Zur Phänomenologie des Rechts, S. 225; Radbruch, Natur der Sache, Exkurs Ⅳ über B. W. Leist, S. 170 f. 참조.

47) Reinach, Zur Phänomenologie des Rechts, S. 225. 라이스트에 대한 설명을 참조하라.

체계적으로 탐구하고자 하는 이와 같은 최초의 시도는 매우 공적이 크다. 그와 더불어 우리는 비교의 거점(tertium comparationis)을 획득하게 되고, "이러한 비교의 거점으로부터 우리는 비로소 다양한 민족과 시대에서 상이하게 형성되는 법제정에 대한 만족할만한 이해에 도달할 수 있게 된다".48) 이와 같은 비교의 거점은 지금까지 행해져 오던 오래되고 특이한 자료의 단순한 수집을 넘어서려는 법제사 뿐만 아니라, 또한 지금까지 행해져 오던 외국법 지식에 대한 단순한 비교를 넘어서려는 진정한 비교법에 기초가 되지 않으면 안 된다.

푸펜도르프는 법에 이미 주어져 있는, 물리적 존재가 아니라 도덕적 존재의 사물법칙성으로부터 나오는 본질을 해석함으로써 최초의 결정적인 발걸음을 내딛었다.49)

단지 생활사태에 마치 사건을 담고 있는 "그릇"으로서 기초하고 있는 자연사실과 그 자연법칙성으로부터 생활사태의 본질이 파악될 수 없다는 점을 우리는 쉽게 알 수 있다. 정반대로 점유 또는 약속과 같은 가장 단순한 법현상조차도 우리에게 이미 그 "본질"에 있어서 완전히 다른 측면을 보여준다. 이들은 일정한 자연법칙성에 따르는 물리적 내지 심리적 경과과정을 뜻하는 자연사실인 것이 아니라, 문화의 세계, 즉 "도덕적 존재(entia moralia)"의 인간세계 내에서 일어

---

48) 그에 대해 비판적인 입장으로는 Reinach, Zur Phänomenologie des Rechts, S. 225 참조.

49) 푸펜도르프의 "도덕적 존재"에 관한 이론에 대하여는 E. Wolf, Große Rechtsdenker, 3. Auflage, 1951, S. 338 f.; H. Welzel, Naturrecht und materiale Gerechtigkeit, 2. Auflage, 1955, S. 146 ff.; Maihofer, Recht und Sein, S. 109 참조.

나는 사건의 복합체인 문화사태이다. 이러한 문화사태의 "본질"은 어디에 있는가?

3) 문화사태로서 생활사태의 사물법칙성 (도덕적 존재)
　　–"영원한 주제"

　문화사태로서 생활사태의 "도덕적 본질"에 대한 이와 같은 물음에 더불어 사물의 본성으로부터 나오는 모든 사유에서 결정적인 문제가 우리에게 제기된다. 그것은 법철학의 물음으로서, 그에 대한 대답에 따라 우리 시대의 물음이라고 할 수 있는 자연법이냐 법실증주의냐 하는 물음이 결정된다. 그와 더불어 동시에 우리는 신학과 철학의 "영원한 주제"를 건드리게 된다. 그와 더불어 실천철학에서의 "물자체"에 대한 물음이 제기되고, 실질적 가치 윤리의 모든 시도의 선물음, 그리고 모든 보편논쟁의 근본물음이 제기된다. 즉 선과 악이 사물의 본성에 내재하는 존재 양식인가, 신적 이성 또는 자유로운 신적 의지를 통해 "부여된" 것인가, 아니면 후기 계몽의 자연법이 생각하듯이, 인간의 이성 또는 자유로운 인간의 의지를 통해 "부가된" 것인가?

　이러한 물음이 우리에게 엄청난 요청을 하고 있다는 통찰로부터, 우리는 이와 같은 "영원한 주제"에 대해 성급한 기대를 가져서는 안 될 것이다. 이 서론적 고찰의 범위에서 이 물음에 대한 오늘날의 상황을 개괄적으로 살펴보는 것을 넘어, 우리 시대의 철학으로부터 하나의 대답에 이르러가는 길을 암시하는 것 이상을 기대할 수는 없을 것이다. 이제 문제의 핵심을 향하기로 하자.

3. 사회적 생활역할과 생활상태의 사물법칙적 구조로서 문화사태의 "도덕적 존재"

이제 우리에게 다음과 같은 결정적인 물음이 제기된다. 인간의 문화세계에서 매매 또는 임대, 절도 또는 사기로서 우리가 마주치게 되는 무수히 다양한 형태의 생활관계에서의 존재 또는 "본질"이 어디에 놓여 있는가? 무엇이 문화사태로서 그 "도덕적 본질", 즉 도덕적 존재(entia moralia)의 차원에서 그 존재와 의미 그리고 가치를 형성하는가?

분명한 사실은, 이와 같은 문화사태로서의 사물의 본성을, 실체와 우연이라는 낡은 도식에 따라, 사물의 속성, 즉 사물에 내재하는 실체의 존재적 속성과 강도와 색체와 같이 사물의 우연성으로서 포착된 속성으로 생각할 수도 있다는 것이다. 물론 우리는 그와 같은 방식으로 매매라는 사물(Kaufsache)을 파악할 수 있지만, 그에 반해 도덕적 세계에서 무엇이 매매사태(Kaufsachverhalt) 그 자체인지 아는 물음은 이와 같은 방식으로는 우리에게 감추어져 있다. 정반대로 이와 같은 모든 존재적 토대는, 그 "본성"이 여기에서 문제되고 있는 "사물 자체"와는 완전히 다른 어떤 무엇을 취하도록 우리를 호도한다. 소유, 매매, 절도, 사기에서 우리가 법현상으로서 마주치게 되는 바와 같이, 그러한 "사건의 복합체"에 대한 최초의 통찰만으로도 우리는 이러한 생활사태의 "도덕적 존재"를 어떤 객체의 실체와 우연으로서 파악하고사 하는 그와 같은 일체의 시도들이 좌초할 수밖에 없다는 사실을 알 수 있다. 주관성(인간)과 객관성(세계) 사이의 사건의 복합체인 생활사태는, 니체가 바라보았듯이, 그것이 주체 속에서든 아니면 객체 속에서든, 결코 고립된 실체의 존재를 갖고 있는 것이 아니다.[50] 그 존재는 정확하게 여기에서 이들 사건의 양극 "사이"에서 발생하는 것 속에 놓여 있다. 다시 말해 객관성 속에서의 주관성의 "지양"이라는 과정과 그 반대의 과정 속에, 즉 세계라는 어떤 무엇 속의 인간이라는 어떤 무엇의 실존 속에 놓여 있다. 세계에 대한 인간의 행동이라는 그러한 모든 방식 속에서 수행되는 "객관화"[51]가 사건의 복합체를 창출한다. 사건의 복합체의 종합은 물론 분석 속에서 주체-객체라는 구성 부분으로 나뉘어 질 수 있지만, 그러나 그와 더불어 우리는 사건 그 자체의 존재와 의미가 가지는 유대를 동시에 끊게 된다.

우리가 매매라는 구체적 예에서 그와 같은 생활사태를 정확하게 파악하고자 한다면, 매매의 "실체(Substanz)"에 대한 물음과 마찬가지로, 매매의 "본질(Wesen)"에 대한 물음도 또한 근본적으로 아무 의미 없다는 사실이 우선 우리에게 드러난다. 여기에서는 본질적으로 매매라는 어떤 사물(Sache)이 문제되고 있는 것이 아니라, 매매라는 사태(Sachverhalt)가 문제되고 있는 것이다. 다시 말해 공존의 방식, 즉 일상의 세계에서 일정한 인간의 만남이라는 방식으로서 판매자 존재와 구매자 존재라는 "관계"가 문제되고 있는 것이다. 이와 같이 사건을 현실적 사물이 아니라, 실존적 사태로 해석함으로써 문화사태로서 이

---

50) 이미 니체는 다음과 같이 말하고 있다: "지속성, 자기 자신과의 동등성, 존재는 주체라고 불리는 것에도 그리고 객체라고 불리는 것에도 고립되어 있지 않다. 그것은 사건의 복합체이다." 이에 대하여는 Maihofer, Vom Sinn menschlicher Ordnung, 1956, S. 30 f. und 41 ff. 참조.
51) "객관화"의 현상에 대하여는 Maihofer, Recht und Sein, S. 103 ff.

러한 사태의 존재에 대한 우리의 서론적 물음에 대한 해답의 길이 이제 우리에게 분명히 열리게 된다. 이 모든 문화사태 속에서 우리는 판매자와 구매자, 임대인과 임차인, 의사와 환자, 선생과 학생, 소유자, 점유자, 아버지, 어머니, 농부, 시민 등등으로서 일정한 "특성"을 가진 사람들과 만나게 된다. 이러한 특성은 확장 또는 저항과 같이 주체에서 고립되어 발견할 수 있는 그러한 "속성"으로서 더 이상 파악될 수는 없으며, 분명하게 이러한 생활사태의 의미중심으로서, 즉 그 "사물의 본성"으로서 문제되고 있는 바와 마주치게 된다. 어떤 존재자의 실체(Substanz)로부터가 아니라, 어떤 존재자의 실존(Existenz)으로부터 나오는 그와 같은 특성을 우리는 관계상황(Bewandtnisse)이라 부른다.52)

우리가 주장하는 바는 다음과 같다. 문화사태의 도덕적 존재는 그 실체 속에 그리고 예컨대 그 속에 내재하거나 부착된 존재적 속성의 놓여 있는 것이 아니라, 오히려 세계내 인간의 실존으로부터 나오는 관계상황 속에 근거지워져 있다. 그러나 도대체 여기에서 말하는 도덕적 존재란 무엇이란 말인가? 무엇이 실존인가? 이러한 독특한 관계상황은 도대체 어디에 근거하고 있는가? 이러한 관계상황으로부터 무엇이 나오는가? 이것이 우리가 이제 살펴보고자 하는 물음들이다.

고찰의 대상이 되는 모든 문화사태는 인간과 세계 사이의 사건의 복합체, 즉 인간의 세계내 존재방식, 그 실존의 존재양식이다. 그 존

---

52) 이에 대해 기본적인 설명은 Heideger, Sein und Zeit, 1927, S. 83 ff.; 로서의 존재의 "성격"으로서 그에 대한 해석에 관하여는 Maihofer, Vom Sinn menschlicher Ordnung, S. 65.

재와 의미는 구매자, 아버지 또는 시민과 같은 일정한 생활형태: 사회적 지위와, 이들이 마주치게 되는 정당방위 또는 긴급피난과 같은 생활상태: 사회적 상황 속에 놓여 있다. 이러한 생활형태와 생활상태는 인격적이고 현실적인 영역으로서, 그 속에서 개인은 "동일한 것의 영원한 반복"으로서 타자의 세계 속에서 자신의 개인적 인격발현을 수행하게 된다.[53] 이러한 생활형태와 생활상태가 바로 "객관정신" 세계의 근거를 이룬다.

인간은 이러한 생활형태 속에서 자신의 주관성으로부터 벗어나, 초개인적인 세계전체의 존재 및 의미연관의 객관성에로 진입을 감행한다. 그 속에서 인간은 비로소 말 그대로의 참된 의미에서 독립하여 제대로 "설" 수 있게 된다.[54] 인간이 그 속에서 자신을 객관화하게 되는 이와 같은 생활역할로부터, 푸펜도르프가 이미 바라보았듯이, 도덕적 성질로서 타자의 세계 속에서 그가 갖게 되는 "신분" 또는 지위가 싹트게 된다.[55] 일정한 사회적 형태 또는 상태 속에서의 이와 같은 존재는 단순히 외부로부터 인간에게 부과되는 것이 아니라, 이

---

53) (로서의 존재의) "영원 회귀" 사고로부터 모든 "일반적" 질서를 "형이상학적으로" 정당화하는 것에 대하여는 Maihofer, Vom Sinn menschlicher Ordnung, S. 78 f., Anm. 68.

54) "타자의 세계" 속에서 개인적 인격발현을 수행하게 되는 사회적 형태를 의미하는 로서의 존재 속에서의 자기존재의 이와 같은 "생활형태"의 객관성에 대하여는 Maihofer, Recht und Sein, S. 101 ff. und S. 112 ff., Anm. 111; Vom Sinn menschlicher Ordnung, S. 47 ff., S. 57 ff. und S. 64 ff.

55) "일차적" 지위와 "이차적" 지위의 물음에 대하여는 Maihofer, Recht und Sein, S. 97 ff. und S. 117 ff.; Vom Sinn menschlicher Ordnung, S. 71.

러한 존재 속에서 마치 인간은 문화세계의 질서 구조 속에서 그에 "위치"[56]를 형성하는 역할 또는 지위로서 내부로부터 비로소 제대로 자신을 세우게 된다.

우리가 이러한 형태 또는 역할의 사물법칙적 구조를 좀 더 정확하게 파악하고자 한다면, 우리는 이 모든 형태 또는 역할들이 대략 다음과 같은 구성을 가지고 있음을 알 수 있다. 이들로부터 그 존재뿐만이 아니라 또한 "존재 측면에서의 소여의 의미"[57] "현실 속에서 나타나는 가치"로서, 또 "존재 속에 실현된 당위"[58]로서 그 "성격"이 발생한다.

1) 사회적 생활역할과 생활상태의 존재구조: 지시와 상응

이러한 생활형태의 존재구조의 기초는 존재자 서로간의 일정한 지시관계이다. 즉 서로가 상호 의존[59]해 있고 서로가 상호 편입[60]되어 있는 지시관계 속에서, 서로 이용하고 이용되는 모든 활동이 그 존재

---

56) "위치지움"으로서 질서의 사상에 대하여는 Maihofer, Recht und Sein, S. 105 ff.; Vom Sinn menschlicher Ordnung, S. 52 und S. 70 ff.

57) 이에 대하여는 Radbruch, Vorschule, S. 21. 참조.

58) Radbruch, Natur der Sache, S. 172.

59) 이것은 그로티우스와 푸펜도르프가 말하고 있는 인간의 모든 "연약함(infirmitas)" 과 "부족함(imbecillitas)"의 "근거"이다. 이에 대하여는 Maihofer, Recht und Sein, S. 86 f. 참조.

60) 이것은 그로티우스와 푸펜도르프가 말하고 있는 인간의 모든 "사회적 본능(appetitus societatis)"과 "사회성(socialitas)"의 단순히 심리적이거나 사회학적인 근거가 아니라 존재론적인 "근거"를 이룬다.

론적 근거를 갖게 된다.61) 이와 같이 판매자와 구매자, 의사와 환자, 선생과 학생은 상호적으로 지시되어 있다.

이러한 지시는 존재자 서로간의 일치와 상응을 낳게 되고,62) 이러한 상응의 기초 위에서 모든 문화세계의 질서구조의 기초가 확보된다.63) 즉 이로부터 의사와 환자의 관계와 같은 수직질서와 환자와 환자의 관계와 같은 수평질서가 형성되는데, 그 속에서 모든 평등과 불평등은 그 존재론적 근거를 갖게 된다.64) 이와 더불어 판매자와 구매

---

61) 이에 대하여는 Maihofer, Vom Sinn menschlicher Ordnung, S. 64 f. 참조.

62) "상응"으로서 "질서의 존재"에 대하여는 Maihofer, Recht und Sein, S. 85; Vom Sinn menschlicher Ordnung, S. 64 ff. 참조.

63) 이미 토마스 아퀴나스는 아리스토텔레스와 더불어 일방의 타자에 대한 이러한 상응 속에서, 즉 예컨대 아내에 대한 남편의, 아이에 대한 부모의, 그리고 노예에 대한 주인의 "일치(adaequatio)" 혹은 "상응(commensuratio)" 그 자체 속에서 타인에 대한 모든 관련의 "근거(Grund)"를 바라보고 있으며, 그리고 그와 더불어 동시에 관계와 "비교(comparatio)" 속에서 아내에 대한 남편의, 아이에 대한 부모의, 노예에 대한 주인의 모든 정의의 "척도"를 바라보고 있다. 이에 대하여는 Thomas, Summa theologica Ⅱ-Ⅱ, 57, Art. 2-4, Deutsche Thomas Ausgabe, Bd. 18, 1958, S. 8 f., 11 f., 14 ff.; Aristoteles, Nikomachische Ethik I, S. 5 ff., V, S. 4 ff. 마찬가지로 자연의 우주 및 문화의 우주의 "예정조화"에 관한 라이프니츠의 관념도 또한 로서의 존재의 상응 속에서 (자기존재의) 모나드에게서 싹터오르는 세계관련 위에 세워지고 있다. 이러한 세계관련과 더불어 각각의 모나드는 마치 인식하는 존재로서(ens percipiens) 그가 세계를 바라보는 "창"과 의욕하는 존재로서(ens appetens) 그가 세계화되어가는 "문"을 열게 되는 것이다. 이에 대하여는 Maihofer, Vom Sinn menschlicher Ordnung, S. 62 und S. 65 f., Anm. 54 참조.

64) 이에 대하여는 Maihofer, Vom Sinn menschlicher Ordnung, S. 68 f. 참조.

자, 선생과 학생뿐만 아니라, 구매자와 구매자, 선생과 선생 서로간에도 일정한 방식으로 "평등하게" 또는 "불평등하게" 인간의 질서구조 속에서, 즉 법적, 도덕적, 경제적 질서구조 속에서 그에 "상응하는" 질서형태들이 형성된다.

2) 사회적 생활역할과 생활상태의 의미구조: 상황과 의미

이와 같은 모든 상응과 일치가 존재자 서로가 서로에 대한 관계상황을 낳게 된다.[65] 즉 판매자에 대한 구매자의 관계와 학생에 대한 선생의 관계처럼, 타방에 대한 일방의 관계상황이 형성된다. 이것이 바로 서로 일정한 의미를 갖게 되고, 또 서로 뭔가를 해야 하는 의미구조의 존재론적 근거를 이룬다. 이러한 관계상황은 더 이상 존재자의 자기존재 속에 그 근거를 갖고 있는 것이 아니라, 모든 인간 질서가 그 의미중심으로서 그것을 중심으로 돌아가는 우리가 로서의 존재라고 부르는 역할존재[66] 속에 그 근거를 갖고 있다.

이러한 관계상황이 서로 지시되어 있고, 서로 상응하는 존재자들에게 그 고유한 존재를 규정짓는 일정한 서로에 대한 의미[67]에로의 상

---

65) 존재자의 실존 속에, 즉 특정한 "도구"로서 어떤 사물의 현존성과 특정한 어느 누구로서 어떤 사람의 현재성 속에 터잡고 있는 그와 같은 관계상황을 이미 헤겔은 존재자의 "참된 실체성"으로 이해하고 있다. 이에 대하여는 Maihofer, Recht und Sein, S. 87; Vom Sinn menschlicher Ordnung, S. 65 참조.

66) 이에 대하여는 Maihofer, Recht und Sein, S. 33 f., S. 114 ff.; Vom Sinn menschlicher Ordnung, S. 47 ff. 참조.

호관련을 부여한다. 예컨대 판매자에 대한 구매자의, 아들에 대한 아버지의, 그리고 학생에 대한 선생이라는 의미 "그 자체"가 형성된다.

이러한 의미는 일상의 세계 속에서 우리가 타인들에 대해서, 또 타인들이 우리에 대해서 갖게 되는 독특한 "중요성"의 존재론적 근거를 이룬다. 이는 존재자 상호간의 의존 혹은 독립의 표현으로서, 만약 우리가 타인 그 자체를 잃게 되면, 우리에게 어떤 무엇이 결여하게 되는 사실의 "근거"가 된다.68) 왜 타인 그 자체가 우리에게 "결여"되는가?

3) 사회적 생활역할과 생활상태의 가치구조: 기대와 이익

타인이 우리에게 "결여"되는 이유는 이러하다. 그때마다의 타인 그 자체를 위한 모든 의미가 사물의 본성, 즉 생활형태 속에 놓여 있는 일정한 상호기대,69) 아들에 대한 아버지의 기대 혹은 선생에 대한 학

---

67) "의미성"의 "지시전체"로서 하이데거의 "자연적 세계개념"에 대하여는 Heidegger, Sein und Zeit, S. 83 ff. 참조. 그리고 "로서의 존재의 성격"으로서 그 해석에 대하여는 Maihofer, Recht und Sein, S. 84 f.; Vom Sinn menschlicher Ordnung, S. 65 참조.

68) "눈에 띔의 양상(Modi der Auffälligkeit)"에 대한 하이데거의 분석에 대하여는 Heidegger, Sein und Zeit, S. 72 ff.; Maihofer, Recht und Sein, S. 84 f.; Vom Sinn menschlicher Ordnung, S. 65 참조.

69) 사물의 본으로부터 나오는 모든전형적 이으로서 이와 같은전형적 기에 대하여는 실제로 이미 막스 베버가 사용하는 사회적 행위의 개념을 참조하라. Weber, Wirtschaft und Gesellschaft, 3. Aufl., 1947, S. 11 ff.; Coing, Rechtsphilosophie, S. 121.

생의 기대 그 자체를 근거지우고 있기 때문이다. 이것이 사물의 본성으로부터 나오는 그리고 또한 "자연적" 혹은 "이성적"으로 표현되는 우리에 대한 타인의 행위가 가지는 가치와 반가치에 대한 이익의 존재론적 근거를 이룬다. 우리는 타인의 존재와 행위에서 이러한 우리에 대한 타인의 행위가 가지는 가치와 반가치에 대한 이익을 취하게 된다. 타인은 우리 자신의 존재 그 자체의 충족을 위해 필요불가결하다. 다시 말해 학생에게 선생이 필요하듯, 마찬가지로 선생에게 학생이 필요하며, 일방이 그 자체 "실존"하지 않는다면, 다른 일방도 "존재"하지 않는다. 이러한 "자연적" 혹은 "이성적" 기대가 시대의 변화와 더불어 달라진다는 사실이, 법에 대한 그 "구속적" 성격에 반대하는 어떠한 이유도 못 된다. 이러한 사실을 "고려"하지 않는 법은 어느 누구의 법도 아니다. 아무도 "돌보지" 않는 기대를 "충족"하는 일은 입법자에게나 법관에게나 마찬가지로 무의미하고 무가치한 노력이다. "법적" 과제란 바로 이성적인 판매자 또는 구매자, 의사 또는 환자, 고용자 또는 피고용자의 관계로부터 나오는 그때그때마다의 타인에 대한 기대를 그 "역할"에 상응하고 적합한 행위를 통해 "충족"하는 데 놓여 있다. 모든 법은 이러한 기대의 지평으로부터 사유되며 "만들어진다". 이러한 적극적 또는 소극적 "기대"의 척도에서 그때그때마다의 타인에게 "법률상" 무엇을 해야 하고 무엇을 해서는 안 되는지 그 한계가 기획되고, 이러한 기대의 "충족"을 보호하고, 그리고 필요한 경우 법강제를 통해 관철하게 된다.[70]

---

[70] 그로부터 슈트라텐베르트가 이러한 "기대"의 "상대성"을 주장하고 있는 관점은 "삶 속에" 있는 것이 아니다. 즉 그러한 관점은 (법률로부터 그

비로소 우리는 우리의 연구에서 결정적인 지점, 즉 우리 인간의 경험에서 가장 어두운 지점에 이르게 된다. 우리가 직접 정신적 시선으로 파악한다면, 다음의 사실을 자명한 것으로 인정할 수 있다. 실존적 사태로서 생활관계의 존재는 지시와 상응으로 구성되어 있으며, 그 의미는 관계상황과 의미 속에 놓여 있다. 이러한 의미로부터 일상의 언어 속에서 "자연적" 혹은 "이성적"으로 표현하는 일정한 기대가 나오며, 이러한 기대의 충족이 타인의 존재와 행위에 대한 가치 또는 반가치 여부를 결정한다는 사실을 우리는 또한 통찰할 수 있을 것이다. 그러나 존재와 의미 속에 기초하고 있는 이러한 가치존재를 넘어, 저 건너편에 있다고 생각하는 당위, 즉 행위당위에 대한 심연을 우리가 어떻게 건널 수 있는가? 우리는 여기에 하나의 다리, 엄격한 과학적 방식으로 수행할 수 있는 하나의 길이 존재한다고 믿는다. 이 길을 통해 생활형태와 생활상태의 본질로부터 발생하는 기대와 이익을 넘어, 이로부터 나오는 서로 마주치게 되는 타인에 대해 그 역할과 상태의 본질에 상응하는 행위를 요청하는 대로 나아갈 수 있다고 우리는 생각한다.

리고 법률의 관점과 규정으로부터가 아니라) 정확히 이러한 "자연적" 혹은 "이성적" 기대로부터 (아무런 시간과 공간이 아니라) 바로 지금 그리고 여기에서의 일상의 법세계 속에서 일반인이 체험하는 법 속에 있는 것이 아니다. Stratenwerth, Das rechtstheoretische Problem der Natur der Sache, S. 21 ff.

4) 사회적 생활역할과 사회적 생활상태의 당위구조: 요청과 의무

학문 이전의 법에 대한 경험에서는 "존재로부터 당위로" 갈 수 있는 이러한 "가교"는 자명한 일에 속한다. 일상의 법세계 속에서 살고 있는 일반인은 말 그대로의 진정한 의미에서 구체적 생활형태와 생활상태에 속하며, 따라서 그에게 그 자체로 "속하는" 의미이해로부터 "실존"한다. 일반인은 학문 이전의 확실성 속에서 살고 있다. "자연적" 혹은 "이성적"으로 표현되는 타인에 대한 이러한 기대 그 자체로부터 이러한 역할과 상태에 처해 있는 그 타인에게 "속하고" 또 그러한 자로서 그 타인에게 "귀속되는", 다시 말해 그러한 자로서 그 타인에게 "상응" 하는 행위에 대한 자명하게 이해되는 요청이 발생하게 된다. 우리는 또한 여기에서 실제로 생활형태와 생활상태 속에 놓여있는 사물의 본성으로부터 나오는 그에 "상응"하는 "진정한", "무조건적인" 요청[71] 과

---

71) 그 경우에 우리는 실제로 야스퍼스의 견해와 일치하게 된다. 야스퍼스는 그에 "참여"함을 통하여 개인에게 "사회적 객관성 속에서 충만한 삶"이 가능하게 되는 이러한 공동존재의 형태에 대해 다음과 같이 말하고 있다: "이로부터 이와 같은 역사적 위치에서 그리고 이와 같은 소명 속에서 무조건적이고 동시에 진정한 요청이라 할 수 있는 의미 있는 요청들이 연원한다." Jaspers, Philosophie, 2. Auflage, 1948, S. 621. 그러나 야스퍼스는 거기에서는 "결코 어떠한 대표성도 더 이상 가능하지 않는", 그에게서 유일하게 "진정한", "무조건적인" 그리고 "참된" "자기 자신에 대한 자기 자신의 실존적 의사소통"에 비해 그와 같은 "객관적 의사소통"을 평가절하함으로써 로서의 존재 속에서 자기존재의 생활형 태로서 이러한 "역할"의 독자적인 "성격"을 더 이상 정당하게 평가할 수 없게 되었다. 이에 대하여는 Maihofer, Vom Sinn menschlicher

같은 어떤 무엇이 존재한다는 학문적 확실성을 갖게 된다. 이러한 요청이 모든 자연적 혹은 이성적 의무의 존재론적 근거를 이룬다. 우리는 이러한 의무를 우리의 존재와 행위 속에서 만나게 되고, 이러한 의무의 충족여부가 타인에 대한 우리 행위의 적합 또는 부적합 여부를 결정한다. 괴테가 에픽테투스를 인용하면서 언급한 바와 같이,[72] 이러한 “의무” 혹은 “일상의 요청”은 이러한 생활형태와 생활상태의 객관성 속에 놓여 있는 우리에 대한 요청으로서 행위의 척도가 된다. 이러한 척도에 따라 인간은 일상의 법세계의 만남 속에서 스스로 기획하면서 던져 버리는 “정의(Dike)”의 이중적 의미에서 스스로를 “정향”지운다. 이것이 곧 그의 존재에 따라 각자에게 속하는 그의 “몫”이다. 그리스인들의 법에 대한 사고는 이로부터 출발하고 있다.[73] 다시 말해 “법”

Ordnung, S. 48 ff. 참조.

72) 완전히 에픽테투스의 의미에서 괴테는 “인간과 세계”에 대한 그의 사상 속에서 다음과 같이 쓰고 있다: “어떻게 우리는 서로 알게 되는가? 관찰을 통해서는 결코 아니며, 아마도 행동을 통해서일 것이다. 너의 의무를 행하라. 그러면 너는 곧 네게 무엇이 있는지 알게 될 것이다. 그러나 너의 의무는 무엇인가? 그것은 일상의 요청이다.” 에픽테투스에게서 본질적인 인간의 삶은 바로 그의 동료들에 대해 아들, 아버지, 형제, 시민으로서, 남편과 아내로서, 이웃과 친구로서, 지배자 혹은 피지배자로서 그의 자연적 혹은 전수받은 지위에 맞게끔 사는 데 있다. 우리가 이웃, 시민, 공무원의 의무를 충족하게 되면, 우리는 그러한 자에 상응하게 된다. 우리가 이와 같은 생활지위를 주의 깊게 관찰하는 데 익숙하게 된다면, 우리는 그러한 의무를 인식하게 된다. 이에 대하여는 Maihofer, Vom Sinn menschlicher Ordnung, S. 53 ff., S. 62 f. 참조.

73) 그러한 “정의(dike)”는 이미 호머에 의해서 각자에게 그의 본질에 따라 귀속되는 것에 대한 요청과 권한으로서뿐만 아니라, 동시에 근원적으로

은 각 개인이 이러한 질서의 구조 속에서 어떻게 "존재"하는가에 따라 그에게 "귀속"되는 것이다. 법은 그 말이 가지는 가장 일반적이고 또한 가장 근원적인 의미에서 그에게 "처분되어"(themis) 있고,[74] 그와 더불어 "장소"(topos)와 "신분"(status)에 따라 그에게 정당한 권리로 주어져 있는 어떤 무엇이다. 학문적 경험에서는 사물의 본성으로부터 나오는 이와 같은 이러한 당위가 사유를 통해 두 단계로 나뉘어진 문제제기에 의해 "의문시되고" 있다.

우리는 우선 그때그때마다 타인의 역할과 상태로 우리의 입장을 옮겨놓고, 우리가 타인으로부터 무엇을 기대하고 무엇을 정당한 것으로서 요청할 수 있는지 물어봐야만 한다. 모든 법은 타인의 역할과 상태로부터 사유된 것이다. 따라서 우리는 선생으로서 학생의 역할 속으로, 의사로서 환자의 역할 속으로, 구매자로서 판매자의 역할 속으로 그리고 또 그 반대로도 우리 입장을 옮겨놓고, 우리가 "이성적인" 선생으로서, "이성적인" 의사로서, "이성적인" 판매자로서 "자연적"이고 "정당한 방식으로" 무엇을 기대할 수 있는가를 물어봐야만 한다. 이것이 바로 매우 오래된 경험규칙인 황금률, 즉 모든 "참된" 질서의 근본규칙의 본래의 의미이다.[75] 만약 실정법이 그 기획의 실

그것을 발하는 결정을 통하여 귀속의 몫을 분배하는 것으로서 이해되고 있다. E. Wolf, Griechisches Rechtsdenken, Bd. Ⅰ, Vorsokratiker und frühe Dichter; Maihofer, Recht und Sein, S. 32.

74) "테미스(themis)"의 사상에 대하여는 E. Wolf, Griechisches Rechtsdenken, Bd. Ⅰ, Vorsokratiker und frühe Dichter, S. 76 ff. 호머의 항목과 Maihofer, Recht und Sein, S. 32 참조.

75) 이것은 동양과 서양 그리고 좁은 의미의 기독교적인 사회윤리를 포함하

질적인 완성을 법관에게 넘길 수밖에 없다면, 실정법도 또한 우리로 하여금 이러한 이성적 인간의 관점에로 되돌아갈 것을 요구한다.

우리가 그 유용성에 대한 조심스런 검토에 따라 이와 같이 발견된 행위당위를 사물의 본성으로부터 나오는 일반적 행위법칙으로서 그러한 역할과 상태에 처해있는 모든 타인들에 대해 "타당"하게 할 수 있

여 모든 사회윤리의 근본규칙이다. 황금률은 마찬가지로 공자에게서도 발견된다: "나의 모든 가르침을 관통하는 하나의 중심적인 원칙이 있다." "그것은 상호성의 원칙이다." "사람들이 너에게 행하기를 네가 원하지 않는 바를 다른 사람에게 행하지 말라." "자기가 하고 싶지 아니한 일을 남에게 시키지 말라.(己所不欲 勿施於人)" 이에 대하여는 Kungfutse, Gespräche, Lun Yü, 1955, Ⅴ, 11; ⅩⅡ, 2; ⅩⅤ, 23; Fechner, Rechtsphilosophie, 1956, S. 102 f., Anm. 31. 그리스 고대의 일곱 현인 중 하나인 레보스 출신의 피타코스의 다음과 같은 말도 마찬가지이다: "네 이웃에게 해악이 되는 일체의 일을 스스로 행하지 말라." 이에 대하여는 W. Kranz, Vorsocratische Denker, 2. Auflage, 1949, S. 32 f. 구약성경에서도 마찬가지로 황금률이 발견된다: "그것이 다른 사람에 의해서 너에게 발생하게 된다면 네가 견디기 힘든 일을 또한 다른 어떤 누구에게라도 행하지 말라." (구약외경 토비트서 4장 15절) 이로부터 다음과 같은 형태의 격언이 연원한다: "사람들이 너에게 행하기를 네가 원하지 않는 바를 또한 다른 어떤 누구에게라도 행하지 말라." 신약성경에 따르면 예수는 산상설교에서 다음과 같이 말하고 있다: "그러므로 무엇이든지 남에게 대접을 받고자 하는 대로 너희도 남을 대접하라. 이것이 율법이요 선지자니라." (마태복음 7장 12절) "황금률"에 대하여 일반적인 설명으로는 H. Reiner, Die goldene Regel, in: Zeitschrift für Phil. Forschung, 1948, S. 74 ff. 참조. 그리고 로서의 존재의 상응의 질서구조에로 우리의 삶을 기획함에 있어서 우리의 행동의 척도로서 그 의미에 대하여는 Maihofer, Vom Sinn menschlicher Ordnung, Vorwort und S. 81 ff., S. 86 참조.

다면, 우리는 이러한 "정당한" 기대를 우리에 대해서 "정당한" 요청으로 그리고 그에 "상응"하여 타인에 대해서는 "정당한" 의무로 제시할 수 있을 것이다. 이것이 바로 칸트가 말한 정언명령, 즉 모든 "일반적" 질서의 근본법칙의 본래의 의미이다.[76] 모든 법은 마치 일상의 세계에서 반복되는 같은 유형의 역할 또는 상태라는 사물의 본성으로부터 나오는 행위당위를 행위법칙으로 일반화하는 것으로서 사유되고 "만들어진다". 이는 모든 사람에 대해서 "언제나 어디서나" 타당한 것은 아니지만, 적어도 사물의 있어서 정당하기 때문에 그와 같은 역할 또는 상태에 처해있는 모든 사람들에 대해서는 구속적이다.

황금률과 정언명령을 통해 사회적 역할과 상태의 당위구조로부터 그와 같이 행위법칙을 연역함으로써 우리는 존재에서 실현된 당위로부터 의식이 요청하는 당위를 도출할 때 이중적 관점에서 단순히 주관적인 견해와 자의에 빠질 위험을 막을 수 있다.

황금률에 따라 타인이 나에 대해 가지는 자연적 또는 이성적 기대가 무엇인지 물음으로써 나는 사유 속에서 내 자신의 입장과 상황이라는 주관성으로부터 빠져 나와 상대방의 입장과 상황으로 들어간다. 그와 더불어 나의 행위당위에 "기준"이 되는 그에 "상응"하는 타인의 역할과 상태라는 객관성으로 나를 옮겨 놓는 일이 가능해질 뿐만 아니라, 타인의 입장을 위해 나 자신의 입장을 떠남으로써 타인의 인격

---

76) "보편적" 질서의 근본법칙으로서 정언명령의 해석에 대하여는 Maihofer, Vom Sinn menschlicher Ordnung, S. 17 ff. 참조. (보편적 자연법칙에 따른) "자연의 왕국"에서의 "보편적" 질서에 대한 유추에서 (보편적 문화법칙에 따른) "문화의 왕국"에서의 "보편적" 질서의 "조화적" 정당화에 대하여는 Maihofer, Vom Sinn menschlicher Ordnung, S. 79, Anm. 69 참조.

적 상황에로의 감정이입을 통한 결정으로부터 나의 인격적 상황을 "지양"하는 일이 가능해진다. 이러한 관점으로부터 나의 역할과 상태에 "상응"하는 것으로서 그리고 그 때문에 나에게 그 자체로서 "속하는" 것으로 증명되는 그러한 행위는, 마치 외부로부터 나의 객관성의 "얼굴"에서 읽어낼 수 있는 것이 되고 더 이상 내면으로부터, 즉 나 자신의 "인격적 입장"으로부터 느껴지는 것이 아니다.

우리가 "객관적인", 즉 제한된 개인적 입장을 넘어서는 "이익의 지평", 즉 정의에 관점을 추구함에 있어서77) 일상의 결정에서 본능적으로 어떤 것을 모든 "참된" 질서의 원칙이라 할 수 있는 황금률이 우리 의식에 나타나는가 묻지 않을 수 없다고 하는 사실은 결코 우연이 아니다. 다시 말해 우리는 우리의 일상의 행위에서 그에 "상응"하는 타인이 그의 역할과 상태에서 우리에 대해 이성적인 방식으로 그리고 정당한 방식으로 무엇을 기대할 수 있고, 또 그에게 속하는 것으로서 정당하게 우리에게 무엇을 요청할 수 있는가를 아주 자연스럽게 묻고 "향하게" 된다.

사물 속에 이미 주어져 있는, 지금까지의 마치 수평적인 고찰을 확장하는 두번째의 초개인적인 관점에로 우리를 지시하는 정언명령의 문제제기도 이와 다르지 않다. 이러한 정언명령의 관점으로부터 우리는 이제 마치 수직적 관점에서의 반대검증을 통해 자신의 역할과 상

---

77) 이것을 이미 니체는 "이 사람 또는 저 사람의 차원을 넘어서는 그 어떤 무엇을 보존하려는 의도, 즉 폭넓은 이익의 지평을 가지고 있는 넓고 멀리 바라보는 권력의 기능"으로서 규정하고 있다. 이에 대하여는 Maihofer, Vom Sinn menschlicher Ordnung, S. 73 참조.

태로부터 행위당위의 객관성을 확인하게 된다.

예컨대 의사 또는 선생으로서, 배우자 또는 형제로서, 발견된 행위당위가 나의 역할과 상태에서 모든 사람들에 대한 일반적 행위법칙으로서 유용한가 하는 칸트가 제시한 심사도[78] 그와 마찬가지의 것을 목표로 하고 있다. 내가 발견한 행위준칙을 "나와 동일한" 모든 사람들에 대한 행위법칙으로서 타당성을 가지도록 원할 수 있으려면, 여기에서 나의 의욕은 자의라는 주관적 토대로부터 벗어나 이러한 입장과 상황에 처해 있는 "이성적 인격"의 "참된 의지"로 변하지 않으면 안 된다.

모든 "일반적" 질서의 원칙으로서 정언명령이 우리의 의식 속에 제기하는 이러한 물음을 우리는 본능적으로 일상의 결정 속에서 내리지 않을 수 없다. 다시 말해 우리는 우리의 역할과 상태에 처해 있는 "우리와 같은" 다른 모든 사람들이, 우리가 실제 행위하거나 행위하지 아니하고자 하는 바와 마찬가지로 그렇게 행동할 것이라면, 과연 어떤 일이 일어날 것인가를 면밀하게 묻게 된다. 우리가 이와 같은 두 번째의 정언명령이라는 시험기준에 따라 발견된 행위법칙의 무조건적 타당성을 긍정하지 않을 수 없다면, 우리는 이러한 당위법칙을 "객관적인" 것으로서, 즉 "참되고" 동시에 "일반적인" 것으로서 받아들이지 않을 수 없다. 다시 말해 우리에 대해 무조건적 타당성을 갖는 것으로서, 그것이 우리 개인의 성향과 소망에 상응하는가 상응하지 않는가 하는 문제와는 상관없이, 그러한 역할과 상태에 처해 있

---

78) 이에 대하여 구체적으로는 Maihofer, Vom Sinn menschlicher Ordnung, S. 17 ff. und S. 86 ff. 참조.

는 모든 "이성적 타인"들과 마찬가지로 그리에로 우리를 정향지우고 "정향시켜야" 한다. 만약 누군가가 그 효력을 박탈하고자 한다면 그는 자기 모순에 빠질 수밖에 없게 된다.

객관적으로 타당하고 정당한 것에 대한 그와 같은 일상적 의미이해, 즉 반복되는 객관성의 역할과 상태라는 문화법칙성에 대한 실천적 통찰이 "존재할" 뿐만 아니라, 그로부터 우리의 전체 문화의 세계가 "살아가고" 있다.[79] 이와 같은 사실은 이론적 실증주의자와 허무주의자라고 할지라도 "실제" 자기 모순에 빠지지 않고서는 부정할 수 없을 것이다. 이러한 역할과 상태에 그 "사물의 본성"으로서 내재하는 "자연적" 관계상황과 의미에 대한 기본적인 의미이해가 없다면, 또 그로부터 나오는 "이성적" 기대와 이익, 요청과 의무에 대한 근본적 통찰이 없다면, 그 속에서 우리가 일상적으로 우리의 현존재를 객관화하여 제대로 "세우는" 무수히 다양한 역할과 상태에서 객관적으로 정당한 하나의 결정을 제대로 내릴 수 없을 것이다.

우리가 아무리 이론적으로 자기 확신을 가지는 모든 자연법의 반대론자라고 할지라도, 우리는 실제, 일반인이든 법률가이든, 예컨대 실증주의가 즐겨 주장하는 바와 같이, 실정법의 당위명제에 따라 "살아가는" 것이 아니라, 오히려 바로 그들이 자연법이라고 부정하는 "사물의 본성" 속에 "근거"하고 있는 비실정적 법의 당위법칙에 따라

---

79) 이는 자연의 우주가 자연법칙성으로부터 "살아가는" 것과 마찬가지이다. 이미 칸트에게서 나타나는 문화의 왕국에서의 당위법칙과 자연의 왕국에서의 존재법칙의 이와 같은 유추에 대하여는 Maihofer, Vom Sinn menschlicher Ordnung, S. 79, Anm. 69 참조.

우리를 "정향시키고" 있다. 다시 말해 그러한 역할과 상태에 처해 있는 우리에 대해서 타당성과 효력을 가지는 정당한 기대와 이익, 정당한 요청과 의무에 따라 우리는 실제 삶을 영위하고 있다. 이러한 자연적 이익과 의무가 법적 이익(법익)과 법적 규범(법규범)의 "근거"를 이룬다. 바로 그 속에 구체적 생활질서 속에서의 우리의 추상적 법질서가 근거하고 있다. 이러한 질서는 그 내용이 무엇인가와는 상관없이 오로지 형식적인 질서를 위한 질서인 것이 아니라, 실질적 정당성과 인간적 정의를 위한 실질적 질서로서 기획되고, 보호되며, 필요한 경우 관철되는 것이다.

일정한 사회유형적 및 사회전형적 역할과 상태 속에서의 이와 같은 자연적 이익과 의무가 시간과 공간에 따라 변한다고 하는 사실이, 이러한 역할과 상태 속에서 지금 그리고 여기에서 그 타당성과 효력을 갖는다고 하는 그 "역사적" 무조건성에 반대하는 이유가 될 수 없다. 이러한 사실은 존재 자체의 역사적 "본래성"으로부터 나온다. 여기서 말하는 역사성이란 지금까지의 실존철학이 "역사성"으로 설명했던 세계내 존재의 본래성 속에서 자기존재의 주관성의 역사성이 아니라, 오히려 니체가 주장하는 "동일한 것이 영원히 반복되는" 세계의 완전히 다른 역사성을 뜻하며, 헤겔이 말하는 "객관정신" 세계의 역사성을 뜻한다. 다시 말해 그것은 역할존재의 객관성의 역사성으로서 아버지 또는 아들로서, 배우자 또는 형제로서, 법관 또는 의사로서 존재의 본래성을 뜻하며, 언제 어디서나 타당한 것이 아니라 지금 그리고 여기에서 타당하는 것이다.

이러한 역할존재의 본래성의 역사성 속에 자연법의 역사성이라는 문제의 본질이 놓여있다.[80] 이러한 역할과 상태의 특성과 속성의 사회학적 변화라는 존재적 역사 속에서가 아니라, 그 관계상황과 의미의 존재론적 역사 속에서 수행되는 객관성의 존재역사와 의미역사, 다시 말해 역할존재의 본래성으로서 사물의 본성의 역사가 문제되고 있는 것이다.

4. 결어: 법학과 법철학에서 "사물의 본성"의 의미에 대한 네 가지 테제

마지막으로 우리는 이제 라드브루흐가 남겨 놓은 물음에 대해 몇 가지 답변을 함으로써 우리 연구의 이러한 "잠정적" 상황에 대해 개괄적으로 살펴보고자 한다.

1) 법원으로서 "사물의 본성"의 법이론적 의미

존재로부터 당위를 도출할 수 있는 가능성에 대한 물음에 원칙적으로 긍정함으로써[81] "사물의 본성"은 법률과 나란히 놓여 있는 법

---

80) 그에 반하여 카우프만은 신토마스주의로부터 이를 시도하고 있다. A. Kaufmann, Naturrecht und Geschichtlichkeit, 1957, S. 30, Anm. 50 참조.

81) 이는 이미 라드브루흐에 의해서 제안된 "법률적 구성"의 방법 위에서 일반적인 근본사태의 사물법칙적 구조에 있어서든 아니면 구체적 생활사태를 구성하는 사회적 역할과 상태에서 자연적 기대와 이익, 요청과 의무에 대한 분석을 통한 개별적 법사태의 "사물의 본성"에 있어서든

률외적 법원이 된다.[82] 법률의 추상적 법명제가 구체적 법사태에 대한 실질적으로 정당한 그리고 인간적으로 올바른 판단을 위한 해결제안의 시도라고 한다면, 그것은 바로 지금 그리고 여기에서 "사태"에 적합할 때 그 "구속력"을 갖는다. 따라서 그 "가언적 판단"은 법관의 "법률과 법"에 대한 분명한 구속의 예에서 알 수 있듯이, 추상적 법명제 속에 기획된 당위가 사회적 역할과 상태라는 "사물의 본성"으로부터 나오는 구체적 법사태 속에서 요구되는 당위와 일치해야 한다는 유보하에 서 있다.

그와 같은 "사물의 본성"에 대한 법이론적 의미는 "법률국가의 법제정 독점"과 "법률의 우위"에 기초한 종래의 실증주의적 법원이론의 재구성을 불가피하게 만든다.[83]

2) 실질적 정의의 구체적 척도로서 "사물의 본성"의 법철학적 의미

그와 더불어 "사물의 본성"은 모든 실정법의 실질적 정당성과 인간적 정의라는 비실증적 척도가 되고 입법자에 대해서든 법관에 대해서든 마찬가지로 구속력을 갖는다.

따라서 "사물의 본성"이 이른바 "법률의 정신"과 분명히 인식할

마찬가지이다.

82) 현대의 법원론(Rechtsquellenlehre)의 문제점에 대하여 깊이 있는 연구로는 Esser, Grundsatz und Norm in der richterlichen Fortbildung des Privatrechts, 1956, S. 132 ff.; Wieacker, Gesetz und Richterkunst, Zum Problem der außergesetzlichen Rechtsordnung, 1958.

83) Wieacker, Gesetz und Richterkunst, S. 15 ff.

수 있을 만큼 모순관계에 빠지게 되면, 법률의 해석과 보충의 있어서 이제 "사물의 본성"이 법률을 대신하게 된다. 그렇게 함으로써만 우리는 생활관계의 본성으로부터 요청되는 의미 있고 가치 있는 행위당위의 기획, 보호, 관철로서 파악되는 법률이 의미로부터 무의미로, 또 유익으로부터 해악으로 전락하는 것을 막을 수 있다. 여기에서 발생할 수 있는 학자나 법관의 개별적 오류들은 "지양"될 수 있으며, 또 이러한 오류는 무능력하거나 비도덕적이거나 비인간적인 입법자가 제정한 나쁜 법률을 통해 우리들을 위협하는 오류보다 덜 치명적이다. 그와 같은 법률로부터의 더 큰 자유를 통해서만 우리는 정의에로의 더 큰 자유를 획득한다.

"사물의 본성"과 이른바 "법의 이념"이 모순되는 경우에도 마찬가지이다. 이 경우에도 사물의 본성은 어떠한 내용이든 상관없이 단지 형식적인 질서가 문제되는 것이 아니라, 의미 있고 가치 있는 실질적인 질서가 문제되는 경우에는 언제나 "사물의 본성"이 "법의 이념"으로부터 나오는 모든 다른 요청보다 우선한다. 이러한 결론은 라드브루흐에게서도 이미 필연적으로 나타났다. 정의라는 법진리와 "사물의 본성"이라는 그 구체적이고 실질적인 척도를 적어도 우리 법질서의 실질적인 영역에 있어서 법적 안정성의 영역 위에 두는 사람들에게는, 아무리 개별 법영역에서 다양한 문제가 제기된다고 하더라도, 원칙적으로 어떤 다른 결론이 있을 수 없다.

3) 구체적 자연법 사고로서 "사물의 본성"에 따른 법발견

그와 같은 해석에 따르면, 실정법과 자연법은 서로 나란히 아무런 결합없이 또 아무런 매개없이 존재하는 것이 아니라 서로 보완하고 서로 얽혀있다. 우리는 이러한 사실을 이미 현대의 실정법 속에서 다양하게 발견할 수 있다. 우리는 그 예를 오늘날 형법상의 책임론에서 기본적인 "일반인의 평균적 가치평가" 또는 "불법의식"과 같은 특수한 법개념의 외피에서 발견할 수 있으며, 또 민법에서의 "신의성실"84)과 형법에서의 "사회적 상당성"85)과 같은 모든 법영역의 일반조항 속에서도 발견할 수 있다. 이들은 모두 오늘날 우리의 실정법에서 발견할 수 있는 사물의 본성으로부터 나오는 구체적 자연법 사고에로의 활짝 열린 대문이라 할 수 있다.

실정법을 "사물의 본성"으로부터 보충하고 교정하는 이러한 일은 실정법 저편에 있는 어떤 무엇이 아니라, 실정법 이편에 놓여 있는 법, 즉 삶 속에 그 기초를 두고 있다. 다시 말해 일상의 법세계 속에서 법률로부터가 아니라, "사물의 본성"으로부터 살아가는 일반인의 법 속에 그 기초를 두고 있다. 이른바 법률가의 법이 이러한 일반인의 법에 모순된다면, 법률가는 "이성적 인격"의 "건전한 인간오성"(상식)을86) 법률가의 학문적 법이해 위에 두어야만 한다. 그렇게 함

---

84) 이에 대하여는 Wieacker, Gesetz und Richterkunst, S. 13; Zur rechtstheoretischen Präzisierung des § 242 BGB, 1957, S. 18 ff.

85) 이것은 마찬가지로 다름아닌 바로 다음과 같은 것을 목표로 삼고 있다. 즉 우리가 행위자의 역할과 상태에서 "이성적인 개인"으로부터 "자연적 방식으로" 무엇을 기대할 수 있으며 따라서 행동의 당위로서 "정당한 방식으로" 무엇을 요청할 수 있는가 하는 것을 목표로 삼고 있다. 이에 대하여는 Maihofer, Der Unrechtsvorwurf, in: Rittler—Festschrift, 1957, S. 141 ff., S. 156 ff. 참조.

86) 비아커가 적절하게 말하고 있는 바와 같이, "보통법(ius commune)"을

으로써만 법률가는 모든 법과 모든 도덕이 궁극적으로 그 의미 있고 가치 있는 "충족"을 위해 애쓰는 인간의 삶에 봉사할 수 있다.

4) 구체적 자연법으로서 "사물의 본성"에 따른 법철학

"사물 자체에로!" 라는 우리시대 철학의 호소로부터 그리고 "사물의 본성"에 대한 그와 같은 해석으로부터 법철학에 대해서도 하나의 새로운, 그러나 오래된 과제가 생기게 된다. 그것은 법제사와 비교법과 같이 모든 진정한 법학의 비교거점(tertium comparationis)을 사물법칙적 법이론의 방식으로, 즉 법에 대한 철학적 인간학과 사회학의 시도들과 또 "선험적 법이론"의 시도들이 이미 그 자체 취하고 있는 방식으로 탐구하는 것이다.

개별 법영역의 법학이 단순히 법률의 반영에 머물러서는 안 되고, 오히려 이러한 법사태 영역의 사물법칙성에 대한 서술이지 않으면 안 되듯이, 법철학도 또한 다시금 "사물의 본성" 자체 속에 놓여 있는 법의 기초의 반영, 즉 구체적 자연법이 되지 않으면 안 된다.

지탱했던 "합의(Konsens)"는 오래된 겸손한 의미에서 비록 "단순한 백성의 목소리(vox populi)"라고 하더라도 "항상 또한 신의 목소리(vox Dei)"로서 초개인적인 전승과 평균적인 법의 목소리에 머물러 있다. Wieacker, Gesetz und Richterkunst, S. 15.

참고문헌

김병규, 동양법과 자연법－사물의 본성과의 관련에서, 석당논총, 제9집, 1984.

김영환, 법과 법률과의 관계, 고려대 석사학위논문, 1979.

김영환, 법철학의 근본문제, 홍문사, 2006.

라드브루흐, 최종고 역, 법철학, 삼영사, 1986.

라드브루흐, 엄민영 / 서돈각 역, 법철학입문, 제3판, 육법사, 1982.

라렌츠, 양창수 역, 정당한 법의 원리, 박영사, 1986.

마이호퍼, 심재우 역, 법치국가와 인간의 존엄, 삼영사, 1994.

마이호퍼, 심재우 역, 법과 존재 － 법존재론 서설, 삼영사, 1996.

마이호퍼, 윤재왕 역, 인간질서의 의미에 관하여, 지산, 2003.

몽테스키외, 손석린 역, 법의 정신, 박영사, 1980.

박은정, 자연법사상, 민음사, 1987.

벨첼, 박은정 역, 자연법과 실질적 정의, 삼영사, 2001.

서윤호, 총체적 법사유형식으로서의 사물의 본성론, 고려대 석사학위논문, 1987.

심재우, 현대의 독일 법철학의 동향, 한국법학원 월보, 1974. 10. 20.

심재우, 사물의 본성과 구체적 자연법, 법철학연구, 제2권, 1999.

심헌섭, 법철학 Ⅰ, 법문사, 1982.

심헌섭, 법철학, 한국방송통신대학교재, 1986.

아리스토텔레스, 최명관 역, 니코마코스 윤리학, 서광사, 1984.

윤재왕, 법관의 법과 법률에의 구속, 고려대 석사학위논문, 1989.

이준구, 사물의 본성에 관한 법리연구, 부산대 박사학위논문, 1974.

이준구, 자연법론과 사물의 본성, 경북대논문집(인문사회), 13집, 1969.

이준구, 자연법론과 사물의 본성(2), 경북대 법대논총, 9집, 1971.

젤만, 윤재왕 역, 법철학, 지산, 2000.

최태영, 법철학, 숙명여대출판부, 1977.

카우프만 / 하쎄머, 심헌섭 역, 현대 법철학의 근본문제, 박영사, 1980.

치펠리우스, 김형배 역, 법학방법론, 삼영사, 1976.

한국법철학회 편, 현대 법철학의 흐름, 법문사, 1996.

황산덕, 법철학강의, 방문사, 1980.

황혁주, 현대 법철학에 있어서의 사물의 본성론, 법조, 1974 / 9.

O. Ballweg, Zu einer Lehre von der Natur der Sache, Basel, 1960.

A. Baratta, Natur der Sache und Naturrecht, in: A. Kaufmann (Hrsg.), Die ontologische Begründung des Rechts, Darmstadt, 1965.

A. Baratta, Gedanken zu einer dialektischen Lehre von der Natur der Sache, in: A. Kaufmann (Hrsg.), Gedächtnisschrift für Gustav Radbruch, Göttingen, 1968.

K. Bergbohm, Jurisprudenz und Rechtsphilosophie, Bd. 1, Leipzig, 1892.

N. Bobbio, Über den Begriff der Natur der Sache, in: A. Kaufmann (Hrsg.), Die ontologische Begründung des Rechts, Darmstadt, 1965.

H. Coing, Grundzüge der Rechtsphilosophie, Berlin, 1950.

H. Dernburg, Pandekten, Bd. 1, 3. Aufl., Berlin, 1892.

K. Engisch, Die Idee der Konkretisierung in Recht und Rechtswissenschaft unserer Zeit, Heidelberg, 1953.

K. Engisch, Zur Natur der Sache in Strafrecht, in: A. Kaufmann (Hrsg.), Die ontologische Begründung des Rechts, Darmstadt, 1965.

E. Fechner, Rechtsphilosophie ― Soziologie und Metaphysik, Tübingen, 1962.

H. Garrn, Die Natur der Sache als Grundlage der juristischen Argumentation, ARSP, Bd. 68, 1982.

M. Gutzwiller, Zur Lehre von der Natur der Sache, in: A. Kaufmann (Hrsg.), Die ontologische Begründung des Rechts, Darmstadt, 1965.

H. Henkel, Einführung in die Rechtsphilosophie ― Grundlagen des Rechts, München, 1964.

E. Huber, Über die Realien der Gesetzgebung, in: Zeitschrift für Rechtsphilosophie, 1914.

R. v. Jhering, Geist des Römischen Rechts auf den verschiedenen Stufen seiner Entwicklung, Leipzig, 1871.

I. Kant, Kritik der reinen Vernunft, Philosophische Bibliothek, Bd. 37a, Hamburg 1956.

I. Kant, Kritik der praktischen Vernunft, Philosophische Bibliothek, Bd. 38, Hamburg 1959.

A. Kaufmann, Das Schuldprinzip, Heidelberg, 1961.

A. Kaufmann (Hrsg.), Die ontologische Begründung des Rechts, Darmstadt, 1965.

A. Kaufmann / W. Hassemer, Grundprobleme der zeitgenössischen Rechtsphilosophie und Rechtstheorie, Frankfurt / Main, 1971.

A. Kaufmann / W. Hassemer (Hrsg.), Einführung in Rechtsphilosophie und Rechtstheorie der Gegenwart, 6. Aufl., Heidelberg, 1994.

A. Kaufmann, Rechtsphilosophie im Wandel − Stationen eines Weges, Frankfurt / Main, 1972.

A. Kaufmann, Analogie und Natur der Sache, in: ders, Rechtsphilosophie im Wandel, Frankfurt / Main, 1972.

A. Kaufmann, Die ontologische Sturktur des Rechts, in: ders. (Hrsg.), Die ontologische Begründung des Rechts, Darmstadt, 1965.

A. Kaufmann, Zur rechtsphilosophischen Situation der Gegenwart, in: ders, Rechtsphilosophie im Wandel, Frankfurt / Main, 1972.

A. Kaufmann, Naturrecht und Geschichtlichkeit, in: ders, Rechtsphilosophie im Wandel, Frankfurt / Main, 1972.

H. Kelsen, Reine Rechtslehre, Wien, 1960.

J. Kim, Methodentrialismus und Natur der Sache im Denken G. Radbruchs, Diss. Freiburg / Br., 1966.

J. H. v. Kirchmann, Die Wertlosigkeit der Jurisprudenz als Wissenschaft (1848), Darmstadt, 1956.

U. Klug, Juristische Logik, Berlin, 1966.

K. Larenz, Methodenlehre der Rechtswissenschaft, Heidelberg, 1960.

K. Larenz, Richtiges Recht − Grundzüge einer Rechtsethik, München, 1979.

W. Maihofer, Recht und Sein − Prolegomena zu einer Rechtsontologie, Frankfurt / Main, 1954.

W. Maihofer, Rechtsstaat und menschliche Würde, Frankfurt / Main, 1966.

W. Maihofer, Vom Sinn menschlicher Ordnung, Frankfurt / Main, 1956.

W. Maihofer, Die Bindung des Richters an Gesetz und Recht (Art. 20 Abs. III GG), in: Annales Universitatis Saraviensis, Serie Rechts- und Wirtschaftswissenschaften, Vol. 8, 1960.

W. Maihofer (Hrsg.), Naturrecht oder Rechtspositivismus?, Darmstadt, 1962.

W. Maihofer, Naturrecht als Existenzrecht, Frankfurt / Main, 1963.

W. Maihofer, Was ist Recht? Zur Einführung in die Grundfragen der Rechtsphilosophie, in: JuS 3, 1963.

W. Maihofer, Die Natur der Sache, in: A. Kaufmann (Hrsg.), Die ontologische Begründung des Rechts, Darmstadt, 1965.

W. Maihofer, Realistische Jurisprudenz, in: G. Jahr / W. Maihofer (Hrsg.), Rechtstheorie. Beiträge zur Grundlagendiskussion, Frankfurt / Main, 1971.

C. L. d. S. Montesquieu, De l'esprit des lois (Vom Geist der Gesetze), K. Weigend (Hrsg.), Reclam, 1965.

G. Radbruch, Die Natur der Sache als juristische Denkform, Darmstadt, 1948.

G. Radbruch, Einführung in die Rechtswissenschaft, Stuttgart, 1952.

G. Radbruch, Rechtsphilosophie, 5. Aufl., Stuttgart, 1956.

G. Radbruch, Der Mensch im Recht, Göttingen, 1957.

G. Radbruch, Vorschule der Rechtsphilosophie, Göttingen, 1959.

G. Radbruch, Rechtsidee und Rechtsstoff, in: A. Kaufmann (Hrsg.), Die ontologische Begründung des Rechts, Darmstadt, 1965.

H. Ryffel, Grundprobleme der Rechts- und Staatsphilosophie, Darmstadt, 1969.

F. C. von Savigny, Vom Beruf unserer Zeit für Gesetzgebung und Rechtswissenschaft, Heidelberg, 1814.

F. C. von Savigny, System des heutigen römischen Rechts, I, Berlin, 1840.

H. Schambeck, Der Begriff der Natur der Sache, in: A. Kaufmann (Hrsg.), Die ontologische Begründung des Rechts, Darmstadt, 1965.

K. Seelmann, Rechtsphilosophie, 3. Aufl., München, 2004.

Y. Seo, Rechtsontologie und Hegels Rechtsbegriff − Zur Rekonstruktion der Rechtsontologie im Hegels Rechtsverständnis als Anerkennung, Frankfurt / Main, 2004.

G. Sprenger, Naturrecht und Natur der Sache, Berlin, 1976.

R. Stammler, Die Lehre von dem richtigen Rechte, Berlin, 1902.

G. Stratenwerth, Das rechtstheoretische Problem der Natur der Sache, Tübingen, 1957.

I. Tammelo, The Nature of Facts as a juristic Topos, ARSP, Beiheft 39, 1963

H. Welzel, Naturrecht und materiale Gerechtigkeit, 4. Aufl., Göttingen, 1962.

H. Welzel, Naturrecht und Rechtspositivismus, in: W. Maihofer (Hrsg.), Naturrecht oder Rechtspositivismus?, Darmstadt, 1962.

E. Wolf, Das Problem der Naturrechtslehre − Versuch einer Orientierung, 2. Aufl., Karlsruhe, 1959.

R. Zippelius, Einführung in die juristische Methodenlehre, 2. Aufl., München, 1974.

서윤호(徐允昊)

현재 청주대학교 법과대학 교수

고려대학교 법과대학 졸업
고려대학교 대학원 법학과 석사과정 (법학석사)
고려대학교 대학원 법학과 박사과정 수료
독일 함부르크대학교 법학과 박사과정 (법학박사)
단국대학교 법과대학 교수 역임

저 서: 『Rechtsontologie und Hegels Rechtsbegriff』, Peter Lang Verlag, 2004.
논 문: 「규범근거지움을 둘러싼 문제」,
　　　 「현대 법철학에서 법개념의 문제」 외 다수

사물의 본성과 법사유

· 초판 인쇄　2007년 9월 20일
· 초판 발행　2007년 9월 20일

· 지 은 이　서윤호
· 펴 낸 이　채종준
· 펴 낸 곳　한국학술정보㈜
　　　　　　경기도 파주시 교하읍 문발리 526-2
　　　　　　파주출판문화정보산업단지
　　　　　　전화　031) 908-3181(대표) · 팩스　031) 908-3189
　　　　　　홈페이지　http://www.kstudy.com
　　　　　　e-mail(학회사업부)　jung5997@kstudy.com
· 등　　록　제일산 115호(2000. 6. 19)
· 가　　격　20,000원

ISBN　978-89-534-7069-9 93320 (Paper Book)
　　　　978-89-534-7070-5 98320 (e-Book)